진정한 의미의 설교가 사라진 시대에
설교의 새로운 기준을 세운 설교자

마틴 로이드존스의
설교를 만나다

Martyn
Lloyd-Jones

스티븐 로슨 지음
황을호 옮김

생명의말씀사

THE PASSIONATE PREACHING OF MARTYN LLOYD-JONES
by Steven J. Lawson

Copyright ⓒ 2016 by Steven J. Lawson
a division of Ligonier Ministries, under the title
The Passionate Preaching of Martyn Lloyd-Jones.
Translated by the permission.
All rights reserved.

Korean Edition published by Word of Life Press, Seoul, 2017
Printed in Korea.

마틴 로이드존스의
설교를
만나다

 2017

2017년 10월 20일 1판 1쇄 발행
2023년 12월 1일   2쇄 발행

펴낸이 | 김창영
펴낸곳 | 생명의말씀사

등록 | 1962. 1. 10. No.300-1962-1
주소 | 서울시 종로구 경희궁1길 6 (03176)
전화 | 02)738-6555(본사) · 02)3159-7979(영업)
팩스 | 02)739-3824(본사) · 080-022-8585(영업)

기획편집 | 구자섭, 이은정
디자인 | 조현진, 윤보람
인쇄 | 주손디앤피
제본 | 주손디앤피

ISBN 978-89-04-07139-5 (03230)

저작권자의 허락 없이 이 책의 일부 또는 전체를
무단 복제, 전재, 발췌하면 저작권법에 의해 처벌을 받습니다.

마틴 로이드존스의
설교를 만나다

목차

서문 08
들어가는 글   웨스트민스터 채플에서의 회상   12

1장 / 로이드존스의 불타는 생애   **18**

웨일즈에서 태어나고 성장하다 / 런던으로 이사하다 / 탁월한 젊은 의사 / 회심과 소명 / 설교자로 소명을 받다 / 웨일즈에서 사역을 시작하다 / 단도직입적인 성경 본문 설교를 하다 / 영향력이 주변으로 퍼지다 / 웨스트민스터 채플로 옮기다 / 영국의 외로운 소리 / 부흥을 추구하다 / 진정한 에큐메니컬 운동 / 웨스트민스터 채플에서 은퇴하다 / 끝까지 충성하다

2장 / 설교자로서의 주권적인 부르심   **44**

격렬한 내면의 깊은 갈등 / 충격적인 결과 / 반드시 해야만 하는 일 / 중요한 시사점들 / 가장 고귀하고 위대한 소명

| **3장** | **성경에 기초한 설교** | **62** |

옛 형식에 새로운 생명을 불어넣다 / 하나님의 영광으로 기록된 말씀 / 포기와 변절 / 성경의 권위에 굳게 서다 / 그리스도, 사도 그리고 성경의 권위 / 개혁자들과 성경의 권위 / 강해 설교는 명령이다 / 성경에 빠져들다 / 성경을 선포하다

| **4장** | **철저하게 성경 본문에 입각한 설교** | **84** |

강해 설교의 다양성 / 설교와 가르침 / 늘 성경 본문을 강론하다 / 진리와 불의 연합

5장 / 주의깊은 연구가 있는 설교 　　　　　104

성경 본문을 추출한다 / 설교 개요를 작성한다 / 중심 사상을 배치한다 / 언어의 도구를 사용한다 / 주석을 참고한다 / 삶에 적용한다 / 예화를 사용한다 / 다른 사람들의 말을 인용한다 / 도입부를 쓴다 / 결론을 도출한다 / 하나님의 인정을 구한다

6장 / 철저하게 하나님 중심적인 설교 　　　　　130

하나님께 집중하라 / 하나님의 거룩하심에 헌신하라 / 하나님의 영광에 헌신하라 / 무궁무진한 주제

7장 / 건전한 교리에 기초한 설교 　　　　　150

설교의 근간 / 현대의 신학 혐오 / 바른 교리로 돌아가라 / 로이드존스의 신학의 기초 / 성경과 마주하라

| 8장 | **개혁주의 신학에 입각한 설교** | 168 |

전적 부패 / 무조건적 선택 / 제한적 속죄 / 불가항력적 은혜 / 견인의 은혜

| 9장 | **성령님을 전적으로 의지하는 설교** | 190 |

성령의 기름부음 / 연구를 소홀히 해서는 안 된다 / 성령의 주권을 인정하라 / 성령의 능력을 의지하라 / 성령의 필요성 / 성령의 '이중적 행하심'

나가는 글　　우리는 또 다른 로이드존스를 원한다　210
참고 문헌　212

서문

하나님은 교회 역사의 중요한 순간마다 경건한 사람들을 능력 있게 들어 쓰셨다. 이런 용사들의 배경은 담쟁이가 우거진 엘리트 학교에서 장사꾼의 가게 뒷방에 이르기까지 매우 다양했다. 그들의 출신 지역도 세계 곳곳의 사람들이 북적대는 화려한 도시에서 저 외진 오지의 이름 없는 마을에 이르기까지 다양했다. 그러나 이런 차이점에도 불구하고 이 중심 인물들에게는 공통점이 많았다.

그들 모두에게는 주 예수 그리스도에 대한 확고한 믿음이 있었다. 뿐만 아니라 이 용사들은 하나님을 드높이는 '은혜 교리'의 진리를 깊이 확신했다. 부차적인 신학 문제에 대해 약간의 이견을 보였지만, 구원에 있어서 하나님의 주권적 은혜를 강조하는 성경적 가르침에는 늘 의견을 같이했다. 이들은 "구원은 주께 있다"[1]는 근본적인 진리를 붙들었다.

교회사를 연구해보면, 개혁주의 신앙을 받아들인 이들의 하나님

---

1) 시 3:8; 욘 2:9.

에 대한 신뢰는 매우 놀라울 정도이다. '은혜 교리'는 이 영적 거인들을 옭아매기는커녕, 하나님에 대한 경외심의 불을 붙여 하나님의 보좌 앞에서 자신을 겸손히 낮추게 했다. 하나님의 주권에 대한 진리는 이들로 담대하게 일어나 그리스도의 대의를 위해 앞장서게 만들었다. 그들은 하나님의 나라를 지상에 확장한다는 큰 비전을 가지고, 열 사람 스무 사람 몫의 일을 감당했다. 그들은 독수리처럼 날개 치고 올라가 그들의 시대 위에 우뚝 섰다. '은혜 교리'는 그들에게 능력을 주어, 하나님이 정하신 역사의 순간에 하나님을 섬기게 함으로써 후대에 경건한 유산을 남겨 주었다.

이 책은 이런 주권적 은혜를 입은 한 인물을 소개한다. 어떻게 하나님이 주신 은사와 능력을 사용하여 자신이 속한 시대와 그리스도의 역사에 기여했는지를 살펴볼 것이다.

이 책은 특히 21세기 교회의 중요한 부분인 강해 설교를 재확립한 주인공, 마틴 로이드존스에게 초점을 맞추었다. 영혼을 사로잡는 이 강해 설교자는 런던의 웨스트민스터 채플에서 사역하면서 청교도와 대각성, 개혁신학을 새로운 세대에게 다시 소개하였다.

마틴 로이드존스는 영국 강단 대부분이 영적 영향력을 거의 상실한 시대에 성경적 설교를 부활시킨 인물로 평가받는다. 로이드존스 박사는 오랜 기간 교회 강단에서 사라졌던 영적 능력에 힘입어 설교했다. 따라서 그는 하나님의 말씀을 귀히 여기고 선포하는 사람들을 통해 하나님이 어떻게 역사하시는지를 보여주는 좋은 본보기가 된다.

하나님께서 부디 이 책을 사용하셔서 새로운 세대의 신자들이 하나님을 위하여 예수 그리스도를 담대히 증거할 수 있게 되기를 바란다. 이 로이드존스의 일대기를 통하여, 당신도 하나님의 부르심에 합당하게 행할 힘을 얻게 되기를 소망한다.

그리고 그리스도를 높이고 그의 나라의 확장을 위하여 기록된 하나님의 말씀을 더 열심히 공부하게 되기를 기원한다. 또한 설교의 소명을 받은 사람들은 '불타는 열정'으로 다시 설교할 수 있게 되기를 소망한다.

오직 하나님의 영광을 위하여!
스티븐 로슨

들어가는 글

웨스트민스터 채플에서의 회상

번화한 대도시 런던은 교회사를 좋아하는 사람들에게는 정말 매력적인 도시이다. 이 거대한 도시의 중심에는 기독교의 찬란한 과거를 기억나게 하는 장소들이 많다. 런던을 방문할 때마다 나는 한 때 믿음의 영웅들이 살다 갔던 많은 흔적들을 보며 힘을 얻는다. 수많은 사람들이 전 세계의 복음 진보를 위해 이 영국 땅에서 목숨을 버렸다.

특히 번힐 필드에 마음이 끌린다. 이곳은 존 번연(d. 1688년), 존 오웬(1616-1683년), 아이작 왓츠(1674-1748년) 등의 저명한 청교도들이 묻혀 있는 곳이다. 그 근처에는 스미스필드가 있는데, 이곳은 피의 메리에 의해 처형된 첫 번째 순교자 존 로저스(c. 1500-1555년)가 묻혀 있는 곳이다. 화이트홀 가든에는 영어 성경의 아버지 윌리엄 틴데일(1494-1536년)의 동상이 있다. 대영 도서관은 쾰른 단편으로 알려진 유일한 1525년판 틴데일 신약성경 단편과 희귀본인 1526년판 틴데일 신약성경을 소장하고 있다. 노스우드 묘지는 설교의 황제 찰스 스펄전(1834-1892년)의 유해가 안치되어 있는 곳이다.

최근에 설교를 위해 런던을 방문하면서 꼭 가봐야 하는데 미처 가보지 못한 곳이 생각났다. 나는 웨스트민스터 채플을 꼭 가봐야 했다. 그곳은 데이비드 마틴 로이드존스가 설교로 복음주의 세계를 움직이던 곳이었다. 나는 지하철을 타고 또 걸어서 이 역사적인 건물을 찾아갔다. 버킹엄 궁전과도 얼마 떨어져 있지 않은 거리였다. 도로에서 예배당으로 다가가면서 나는 예배 시간에 늦은 것 같은 기분이 들었다. 예배당의 회랑은 로이드존스 박사 시절 그대로 랜드마크 탑과 함께 서 있었다.

서너 번 문을 두드렸지만 아무 반응이 없었다. 그러나 끈질기게 두드리자 마침내 관리인이 나와서 들어가게 해주었다. 그는 나를 로이드존스 박사가 30년 동안 하나님의 말씀을 강론하던 예배당 안으로 인도했다. 나는 강단에 올라가 회중석을 둘러보았다. 로이드존스 박사가 그토록 신실하게 설교하던 그곳에 어떤 기분으로 서 있었을지를 알고 싶어서였다. 전체가 이층 회랑으로 된 예배당 안을 찬찬히 응시했다. 구름같이 많은 증인들이 강단 사면을 에워싸고 있는 것 같았다. 이것만으로도 충분히 경외심을 불러일으키고도 남았다. 나도 설교자인지라 이렇게 보기만 해도 설교하고 싶은 마음이 절로 들었다.

강단의 뒤쪽에는 로이드존스 박사가 설교했던 강대상이 있었다. 지금은 사용하지 않으므로 보이지 않는 뒤켠에 옮겨져 있었다. 나는 강대상으로 가서 두 손을 올려놓았다. 관리인은 내가 이 강대상에 심취했다고 생각했는지 로이드존스 박사가 설교 후에 구도자들을 만나던 부속실을 보겠느냐고 물었다. 나는 즉시 그러겠다고 대답했다.

그는 나를 강단 뒤쪽에 나 있는 한 문을 열고 가구라고는 작은 책상 하나와 의자만 있는 아무 장식이 없는 방으로 인도했다. 그 책상 위의 벽에는 영국의 위대한 설교자 찰스 스펄전의 초상화가 걸려 있었다. 로이드존스 박사가 자기를 만나기 원하는 방문자를 친절하게 맞이했던 모습이 눈에 선했다.

그리고 관리인은 로이드존스가 설교할 때 사용하던 성경책을 보고 싶으냐고 물었다. 나는 당연히 보고 싶다고 대답했다. 그는 로이드존스 박사가 진리를 선포할 때 사용하던 강단 성경책을 가지고 왔다. 내가 보기에 그것은 영국의 보물 가운데 하나였다. 나는 그의 책상에 앉아서 로마서 1장을 펼쳤다. 내 마음은 세월을 달려 무려 14년에 걸쳐 설교했던, 복음주의의 지형을 바꾸어놓았던 그 유명한 로마서 강해로 가고 있었다. 바로 이 성경책을 가지고 그 설교를 했던 것이다.

관리인은 로이드존스 박사가 입었던 강단용 검정색 제네바식 가운을 보겠느냐고 물었다. 그것은 물을 필요도 없는 것이었다. 벽장 안에는 이 작은 웨일즈 사람이 입던 설교 가운이 걸려 있었다. 관리인이 그 가운을 꺼냈을 때, 나는 자제력을 잃은 사람처럼 다짜고짜 한번 입어볼 수 있겠냐고 물었고, 그는 흔쾌히 허락해주었다.

그 순간, 나의 생각은 영국을 두루 돌아 마침내 위대한 개혁자 존 칼빈이 설교했던 스위스 제네바로 날아갔던 스펄전의 모습을 떠올렸다. 스펄전을 초청했던 사람들은 그에게 칼빈의 검정색 설교 가운을 입어보겠냐고 물었다. 스펄전은 그들의 마음을 알았기에 거절하지 않앉다. 그들은 개혁자의 가운을 가져와 스펄전의 넓은 어깨 위에 걸쳐 주었다. 이 위대한 런던의 설교자는 이 순간이 인생 최고의 순간이었다고 말했다. 로이드존스 박사의 가운을 입고 있던 나도 그와 동일한 느낌이었다.

나는 지금 웨스트민스터 채플에서 로이드존스의 책상에 앉아 그의 가운을 입고 그의 강단용 성경책을 편 채 그가 설교하면서 손가락으로 짚었던 로마서 1장을 응시하고 있다. 이 순간, 나는 이 위대한 웨일즈 사람의 그 무엇이 나에게 옮겨오기를 바랐다.

그때 내가 쓰기로 되어 있던 로이드존스에 관한 책으로 나의 생각이 옮겨졌다. 그러면서 아직 쓰지도 않은 이 책을 통하여, 하나님께서 이 로이드존스의 외투를 새로운 세대의 설교자들에게 입혀주시기를 간구했다.

이 책은 로이드존스의 생애와 그의 설교에 초점을 맞추고 있다. 하나님께서 이 책을 사용하여 당신의 영혼에 불을 붙여서 당신의 소명을 이루시기를 기도한다.

 지금이야말로 하나님의 신실한 사람들이 전 세계 강단에서 하나님의 말씀을 선포해야 할 때이다. 지금처럼 하나님의 말씀이 절실하게 필요한 때도 없었다. 교회가 시대정신에 복종하고, 가벼운 흥미거리로 그저 무리를 끌어모으는 데 온통 혈안이 되어 있는 오늘날, 하나님의 백성들을 위한 성경적 설교의 중요성이 회복되어야 한다. 로이드존스 시대에 그랬던 것처럼, 오늘날도 양무리를 먹이며 잃은 양들을 다시 찾기 위해서는 성령의 능력으로 하나님의 말씀을 선포하는 강력한 설교자가 필요하다.

 마틴 로이드존스의 삶과 사역이 당신의 영혼에 영감을 주어, 당신을 향한 하나님의 부르심에 말씀 사역자로서 기꺼이 헌신하게 되기 바란다. 하나님이 당신에게 명하신 선한 일을 이루기 위해서는 어떤 희생도 주저할 필요가 없다.

마틴 로이드존스가 20세기 최고의 강해 설교자라는 데는 의문의 여지가 없다. 실제로 교회 역사의 마지막 장이 다 쓰여지고 나면, 로이드존스 박사가 모든 시대를 통틀어 가장 위대한 설교자들 가운데 한 사람으로 드러나리라고 나는 믿는다.[1]

— 존 맥아더

---

1) 다음 책 뒷표지에서 인용함. *The Christ-Centered Preaching of Martyn Lloyd-Jones: Classic Sermons for the Church Today*, edited by Elizabeth Catherwood and Christopher Catherwood (Wheaton, Ill.: Crossway, 2014).

1장

로이드존스의 불타는 생애

　키가 작고 탄탄해 보이는 한 사람이 검정색 제네바식 가운을 걸치고 런던의 웨스트민스터 채플 설교단에 올라섰다. 이천 명이 넘는 사람들이 주일마다 예배당으로 몰려왔다. 웨일즈 출신인 이 설교자의 긴 성경 강해를 듣기 위해서였다. 청중의 매력을 끌기 위한 몸짓도, 흥밋거리도, 무슨 특별한 전략도 없었다. 사람들을 끌어모으는 저명인사의 간증도 없었다. 드라마 공연도 물론 없었다. 다만 말로 다할 수 없는 하나님 말씀의 부요함을 전하는 설교를 갈망하는 회중들의 기도와 예배만 있을 뿐이었다.

　이 당시는 성경 본문 설교가 그다지 적절하지 않은 것으로 여겨지던 때였다. 그런데도 많은 회중을 대상으로 일 주일에 세 번씩 하는 이 불 같은 웨일즈 사람의 설교는 권위가 있었다. 물론 그 권위는 자신의 것이 아니었다. 그는 주일에 두 번, 금요일에는 한 번 성경을 강해했는데, 사람들로 하여금 늘 하나님의 영광을 직접 접하게 만들었다. 그의 설교를 통하여, 영혼들은 낮아지고 그 다음에는 높여졌다. 죄가 드러나고 은혜가 부어졌다. 사람들은 회심하고 삶은 변화되었다. 폐부를 꿰뚫는 설교 때문에, 이 강력한 인물은 생전에 이미 "기독교 세계 최고의 설교자"[2]로 널리 인정받았다. 이 설교자가 바로 데이비드 마틴 로이드존스이다.

의사에서 전직한 '박사'라는 애칭으로 알려진 이 설교자는 20세기 최고의 강해 설교자가 되었다. "마틴 로이드존스 박사는 20세기 영어권 세계에서 가장 위대한 설교자임을 의심할 여지가 없다."[3]라고 에릭 알렉산더는 그의 책에서 쓰고 있다.

그의 강단이 요충지인 런던에 있었을 뿐만 아니라 그의 설교는 인쇄되어 전 세계에 배포되었다. 이것은 로이드존스의 영향력이 그가 사역하는 도시를 넘어서 영국의 복음주의 교회와 나아가 전 세계에 미치고 있음을 의미했다. 많은 사람들은 현대 개혁주의 신학의 부흥이

---

[2] Wilbur M. Smith, *Moody Monthly* (October 1955): 32; as quoted by Iain H. Murray, *D. Martyn Lloyd-Jones: The Fight of Faith, 1939–1981* (Edinburgh, Scotland: Banner of Truth, 1990), 329.

[3] Eric J. Alexander, foreword to *The Cross: God's Way of Salvation*, by Martyn Lloyd-Jones (Wheaton, Ill.: Crossway, 1986), vii.

로이드존스의 웨스트민스터 설교에서 직접적인 영향을 받았다고 말한다.

피터 루이스는 그의 강력한 영향력을 인정하면서 이렇게 썼다. "영국 강단의 역사에서 마틴 로이드존스의 설교는 특출하다. 그는 교회의 개혁과 갱신, 세계의 복음화와 각성을 위해 노력했던 종교개혁 이후의 위대한 설교자 반열에 들어간다."[4]

제2차 세계대전 이후 영국이 영적으로 쇠락한 가운데, 로이드존스는 성경적인 설교에 전념하는 소수파에 불과했다. 하지만 20세기 후반 참된 성경적 설교가 회복되도록 하는 데 누구보다도 큰 기여를 했으며 그의 사역의 영향은 지금도 계속해서 이어지고 있다.

그런 찬란한 유산을 생각할 때, 몇 가지 질문이 떠오른다. "이 20세기 영국의 설교자는 어떤 사람이었는가? 그의 풍성한 삶과 사역의 특징은 무엇이었는가? 그의 설교에 영향을 준 것은 무엇이었는가? 로이드존스 설교의 특징과 그의 강단 사역에서 배울 수 있는 것은 무엇인가?"

따라서 이 장에서는 먼저 로이드존스의 생애를 간략하게 살펴보려고 한다.

웨일즈에서 태어나고 성장하다

데이비드 마틴 로이드존스는 1899년 12월 20일 웨일즈 카디프에

---

[4] Peter Lewis, "The Doctor as a Preacher," in *Martyn Lloyd-Jones: Chosen by God*, ed. Christopher Catherwood (Westchester, Ill.: Crossway, 1986), 92–93.

서 태어났다. 그는 웨일즈 말을 하는 부모의 세 아들 중 둘째로 태어났다. 그의 부모 헨리와 막달렌 부부는 검소하고 근면한 분들이었다. 1906년, 그의 가족은 사우스 웨일즈에 있는 카디간셔(지금은 커레디전)의 작은 마을 랑게토로 이사했고, 그곳에서 아버지는 잡화상을 운영했다. 거기서 그의 가족은 칼빈주의 감리교회(Calvinistic Methodist Church)에 출석했는데, 그 교회는 18세기 웨일즈 부흥 때에 불 같은 설교자들 가운데 한 사람인 다니엘 로우랜드가 설립한 교회였다.

로이드존스는 이 확고한 개혁주의 교단에서 '삶의 전반에 걸친 하나님의 주권'이라는 진리를 일찌감치 접하게 되었다. 아직 회심 전이었지만, 그는 일찍부터 하나님 중심적인 세계관을 갖게 되었다. 수많은 위대한 설교자와 부흥의 역사를 가지고 있는 칼빈주의 감리교는 교회 역사와 영적 각성에 대해 관심을 갖도록 자극했다.

지적으로 탁월했던 로이드존스는 어려서부터 천재성을 드러냈다. 사색을 좋아했던 그는 어린 시절부터 독서를 좋아했다. 그는 열한 살 때, 인근에 있는 트레가론 카운티 중학교에 장학생으로 입학했다. 어린 데이비드(후에는 마틴으로 알려짐)는 매주 월요일 아침에 학교로 가서 금요일 저녁에 집으로 돌아왔다. 그는 특히 역사를 좋아했는데, 그의 이 열정이 발전하여 후에 청교도와 그 이후의 부흥기를 연구하게 되었던 것이다.

런던으로 이사하다

1914년, 경제적 어려움으로 파산하게 된 로이드존스의 부모는 하는 수 없이 런던으로 이사했다. 거기서 그의 아버지는 돈을 빌려 낙농 사업을 시작하였다. 그의 가족들은 런던 리젠시 스트리트에 거주하게 되었는데, 하나님의 섭리였는지 아버지의 사업장은 런던 중심부 웨스트민스터 근처에 있었다. 후에 로이드존스가 목사가 될 바로 그곳이었다.

로이드존스는 아침 5시 30분에 일어나 매일 집집마다 우유 배달을 했다. 그러면서 매일 웨스트민스터 채플을 지나다녔다. 로이드존스의 가족은 고객 중 한 사람으로부터 웨스트민스터 채플을 소개받았지만, 이전에 다녔던 교파인 칼빈주의 감리교회인 채링 크로스 로드 채플로 갔다.

첫 번째 주일, 이들은 성공한 안과 의사인 토머스 필립스 박사의 가족 앞쪽에 앉게 되었는데, 후에 로이드존스는 그 집의 딸 베단과 결혼한다. 베단은 유니버시티 컬리지 호스피틀의 의대생이었다. 그녀의 강인한 성격은 로이드존스의 미래 사역에 엄청난 자산이 되었다. 베단을 곁에 둔 로이드존스는 의료 분야에서 성공적인 미래가 보장된 것 같았다.

그 후 몇 년 동안 마틴은 세인트 메리본 문법학교에 다니면서 대학 입학을 위한 공부를 마친다. 이 초기의 교육을 통하여, 하나님은 그에게 평생 성경과 교회사를 탐구할 수 있는 도구를 제공해주셨다. 대학 예비 과정을 마친 로이드존스는 의사가 되기 위하여 의학 공부를 시작했다. 16세 때, 그는 영국의 일류 교육 병원의 하나인 세인트 바돌로뮤 병원의 교육 과정에서 공부할 수 있는 입학 허가를 받았다. 그리고 21세 때에 우수한 성적으로 의학사 학위를 획득하였다. 그 다음에는 영국 왕립 외과 협회 회원(1921년)과 왕립 의사 협회 면허 소지자(1921년)가 되었다. 매 단계를 거칠 때마다, 그는 매우 탁월했고 재능있는 의사의 밝은 미래를 보여주었다. 로이드존스는 벌써 20대 초반에 의료계에서 남다른 길을 갈 수 있는 문턱에 서 있었다.

탁월한 젊은 의사

로이드존스의 질병 진단 능력은 세인트 바돌로뮤 병원의 저명한 스승이었던 토머스 호더 경의 눈에 들었다. 호더 경은 영국 의료계에서 가장 유명한 런던의 할리 스트리트에서 개업하고 있었다. 그는 국왕 조지 5세와 왕족들의 주치의였다. 따라서 호더 경이 마틴을 그의 수련의로 삼았다는 것은 보통 영광이 아니었다. 결국 1923년에 호더 경은 로이드존스에게 그의 병원 수석 임상 조교수 자리를 내주었다. 바로 그 해, 마틴은 23세라는 젊은 나이에 런던 대학교 의학박사라는 대단한 학위를 취득하였다. 그 다음에는 18개월 동안 펠엡스타인형 호지킨 림프종(임파종)을 연구할 수 있는 베일리 연구 장학금을 받았다(1924년). 이런 일을 통해 그는 더욱 유명해졌다.

24세 때 개인으로서는 최초로 세인트 존 함스워스 기념 연구 기금으로부터 연구 지원금을 받아 감염성 심내막염으로 알려진 심장의 상태를 연구하게 되었다. 그의 연구 결과는 권위 있는 의학 저널에 실렸고, 현재 웨일즈 국립도서관에 소장되어 있다. 25세 때는 왕립 의사 협회 회원이 되었다(1925년). 왕립 외과의사 협회장 제임스 패터슨 로스 경은 로이드존스를 "내가 만나 본 최고의 임상의 가운데 한 사람"

이라고 하였다. 어느 모로 보나 로이드존스는 의사로서 일약 성공의 길에 오르고 있었다.

회심과 소명

이런 탁월한 성취에도 불구하고, 로이드존스는 행복하지 않았다. 그에게는 인생이 순간적이고 공허하게 보였다. 그는 일찍이 18세 때 형 해럴드의 죽음을 겪었다. 그리고 22세 때 아버지가 돌아가셨다. 이런 사별을 통해 하나님은 그에게 개인적인 죄와 하나님 앞에서의 책임을 깨우쳐주기 시작하셨다. 그는 교회 생활을 진지하게 하는 사람이었지만, 자신이 영적으로 죽어있다는 것을 깨달았다. 겉으로는 도덕적인 삶을 살았지만 이것은 그저 겉모습으로, 그럴싸하게 보이려는 것일 뿐임을 깨닫게 되었다.

그는 예수 그리스도와의 진정한 관계가 절대적으로 필요함을 알게 되었다. 그가 회심한 날은 정확히 알 수 없지만, 로이드존스는 25세 때 거듭남을 체험하였다. 후에 그는 자기 인생의 전환점을 이렇게 설명하였다.

오랫동안 나는 그리스도인이 아니면서도 그리스도인이라고 생각해왔다. 그러나 나는 그리스도인이 아니었음을 깨달은 이후 비로소 나는 그리스도인이 되었다. …내게 필요한 것은 나의 죄를 깨우쳐주는 설교였다. …그러나 나는 이런 설교를 듣지 못했다. 내가 늘 듣던 설교는 우리

는 모두 그리스도인이라는 전제에 기초한 것이었다.[5]

이 회심 체험은 후에 그의 설교에 깊은 영향을 끼치게 되었다. 로이드존스는 늘 강단에서 전도자의 일을 하였다. 교회 안에는 있지만 그리스도 안에 있지 않은 것이 어떤 것인지를 알았기 때문이었다.

설교자로 소명을 받다

회심한 로이드존스는 환자들의 가장 큰 필요는 신체적 질병 회복보다 훨씬 더 깊은 곳에 있다고 확신하였다. 이제 그는 하나님을 떠난 사람은 누구든지 영적으로 죽은 자라는 것을 이해했다. 또한 자신이 환자를 치료해보았자 죄의 삶으로 돌아가게 하는 것임을 깨달았다.

그 후 2년 동안 로이드존스는 자신의 삶을 어떻게 투자해야 할지를 놓고 깊은 고민에 빠졌다. 하나님이 자신을 사역으로 부르셨는지를 놓고 씨름하는 동안 그의 몸무게는 거의 9킬로그램이나 빠졌다.

1926년 6월, 그는 인생을 바꾸는 결단을 했다. 자신이 가장 고귀한 소명이라고 생각하는 것, 즉 설교의 소명을 위해 자신의 의사 직업을 내려놓기로 한 것이다. 그는 한 편지에서 이렇게 썼다.

"나는 설교하기를 원합니다. …그래서 설교하기로 결정하였습니다. 내가 미래에 할 일이 정확하게 무엇인지는 아직 정해지지 않았습니다만, 내가 사람들에게 복음을 전하려 하는 일을 막을 수 있거나 막을

---

[5] Iain H. Murray, *D. Martyn Lloyd-Jones: The First Forty Years, 1899-1939* (Edinburgh, Scotland: Banner of Truth, 1982), 58.

것은 아무 것도 없습니다."⁶⁾ 이렇게 결정한 이후 마틴은 결코 뒤돌아보지 않았다.

로이드존스의 이런 직업 변경은 의료계에 적지 않은 센세이션을 불러일으켰다. 이 젊고 탁월한 의사가 전도유망한 의사 직업을 버리고 기독교 사역을 하려고 한다는 이야기는 대부분의 사람들에게 충격적이었다. 더군다나 이런 새로운 결정이 이루어진 때는 현대 과학이 진보하여 옛 성경의 주장을 뒤집을 것 같은 때였다. 사람들은 지성적이고 교육을 받은 사람이라면 신화에 불과한 것을 위해 의학을 버리지 않을 거라고 추론했다. 그러나 로이드존스는 사람들의 생각과는 상관없이 성경의 믿음에 대한 한치의 흔들림도 없이 복음 진리를 선포해야 한다는 필요를 강하게 절감했다.

로이드존스는 당시 영국 대학에 오염되어 있던 자유주의 신학 때문에 공식적인 신학 교육을 받지 않기로 하였다. 영국의 대학교를 오염시킨 신학적 자유주의 때문이었다. 그는 하나님이 신적으로 은사를 주셔서 부름받은 일을 감당하게 하시므로 성경을 손상시키는 당시의 신학 교육을 받을 필요가 없다고 믿었다.

1926년 6월 마틴은 베단 필립스에게 프러포즈를 하였다. 그녀에게 청혼한 사람이 많았지만, 그는 이 아름다운 여인의 결혼 승낙을 받았다. 두 사람은 1927년 1월 8일 런던 채링 크로스 채플에서 결혼식을 했다. 그때까지 마틴은 또 하나의 중요한 결정을 앞두고 있었다.

"어디에서 주님을 섬길 것인가?" 하는 문제였다. 그는 런던의 많은 엘리트들을 돌봐왔지만, 자기 고향 웨일즈에서 가난한 사람들을 대

---

6) Ibid., 104.

상으로 사역하고 싶었다. 로이드존스는 사역 기회를 찾기 위해서 그곳으로 찾아다녔다. 하지만 그는 그곳에서 거절당했다. 웨일즈 사람들이 보기에는 할리 스트리트의 의사가 노동자 계층을 섬긴다는 것이 적합하게 보이지 않았던 것이다. 그러나 그는 자신의 인생을 위한 하나님의 부르심이라고 믿는 것을 포기하지 않았다. 1926년 크리스마스, 로이드존스는 마침내 사우스 웨일즈의 경제적으로 열악한 지역으로부터 청빙을 받게 되었다.

웨일즈에서 사역을 시작하다

마틴과 베단은 런던의 화려한 불빛을 떠나 1927년 2월 1일, 웨일즈 포트 탈봇에 도착했다. 마틴은 에버라본에 있는 샌필즈의 포워드 무브먼트 미션홀에서 작은 교회 목회를 시작했다.

10월 26일, 로이드존스는 칼빈주의 감리교회의 목사로 공식 안수를 받았다. 런던에 있는 그의 모교회는 작아서, 이 똑똑한 의사가 복음 사역을 시작하는 것을 보기 위해 몰려든 호기심 많은 사람들을 수용할 수 없었다. 그래서 안수식은 런던의 조지 휘트필드 태버내클에서 진행되었다.

인간적으로 말해서, 그때는 사우스 웨일즈로 가기에는 좋지 않은 때였다. 그곳에는 실업과 음주, 문맹이 만연해 있었다. 게다가 1929년 대공황이 닥치기 바로 직전이었다. 그곳 사람들의 교육 수준은 낮았고, 지역 주민들의 교회 출석률도 저조했다. 그래서 전임 목사도 낙심해서 떠났었다.

그렇지만 로이드존스는 그들이 성경에 근거한 단순하고 교리적인 설교를 들어야 한다고 믿었다. 그런 설교는 나중에 '불타는 논리'라고 불리게 되었다. 그의 강단 사역은 오로지 성경에만 기초했다. 그는 농담이나 개인적인 이야기나 일화 같은 것은 사용하지 않았다. 그는 오로지 하나님의 영광을 위한 열정으로 불타 있었다. 그는 하나님의 말씀에 근거하여 성령의 능력으로 하나님의 영광을 선포하였다.

그가 목회를 시작할 때, 샌필즈 교회의 등록교인 수는 불과 93명밖에 되지 않았다. 게다가 회중의 다수는 자유주의 사회복음(social gospel)에 빠져 있었다. 로이드존스는 교회를 세우기 위해 성경을 강해하는 전통적인 방법을 따르기로 하였다. 드라마 모임은 중단되고 음악의 밤 같은 행사는 취소되었다. 대신 교회 안에서는 복음 설교가 다시 시작되었다. 로이드존스가 말씀을 설교하자, 교회는 다시 성장하기 시작하였다.

단도직입적인 성경 본문 설교를 하다

교회는 즉각 살아났다. 교인들은 회심했다. 교회 직원도 구원을 받았다. 그리고 심지어 심령술사도 그리스도를 믿는 역사가 일어났다. 그때 그의 아내, 베단도 회심하였다. 그녀는 이렇게 간증을 하였다.

"저는 2년 동안 마틴의 설교를 들으면서, 비로소 복음이 무엇인지를 진정으로 이해하게 되었습니다. …저는 그저 술주정뱅이나 몸 파는 여자들이나 회심해야 한다고 생각했었습니다."

그리스도를 확실하게 고백한 사람들만 교회 회원으로 남아있을 수 있었다. 그리스도를 헛되이 고백한 사람들은 교적에서 삭제되었다. 그가 11년 동안 샌필즈에서 사역하는 동안 수많은 사람들이 회심하고 교회에 등록하였다.

이 회중들은 로이드존스가 전하는 하나님 말씀의 능력으로 변화되었다. 이안 머리는 사역 초기에 일어난 일을 다음과 같이 설명한다.

> 그는 오로지 교회 생활의 '전통적인' 부분, 즉 정규 주일 예배(오전 11시, 오후 6시)와 월요일 기도회와 수요일의 주중 집회에만 관심을 두는 것 같았다. 다른 모든 것은 어떻게 하든 상관없었다. 그래서 특별히 외부 사람들을 끌어들이기 위해 계획된 이벤트들은 곧 중단되었다. 드라마 모임의 중단은 실제적인 문제에 봉착했다. 작은 교회 예배당 한 부분을 차지하고 있던 나무 무대를 어떻게 할 것인가 하는 문제였다. 이 새로운 목사는 드라마 위원회에게 "이것을 교회 난방에 사용해도 됩니다."라고 말했다. … 교회는 세상을 닮는 것이 아니라 세상을 향해 진정한 생명과 하나님의 자녀의 특권을 제시함으로써 세상을 발전시켜야 한다.[7]

영향력이 주변으로 퍼지다

1930년대, 로이드존스의 능력 있는 설교는 폭넓은 관심을 받게 되었다. 웨일즈 주변에서 집회 초청을 받은 그는 수많은 사람들에게 설교를 하였다. 한 해에 샌필즈 밖에서만 무려 55개의 집회에서 설교를 하였다. 세상 신문에서는 그를 1904년 부흥운동 이래 웨일즈 최고의

---

7) Ibid., 135.

설교자로 소개하였다. 1935년에는 다니엘 로우랜드 100주년 기념 집회에서 7천 명을 대상으로 설교하기도 했고, 런던으로 돌아가 로열 앨버트 홀에서 수천 명을 대상으로 설교하기도 했다. 그리고 1937년에는 미국으로 가서 피츠버그, 필라델피아, 뉴욕 등지에서 설교하였다.

로이드존스에게 큰 감명을 받은 런던 웨스트민스터 채플의 저명한 사역자 캠벨 몰간은 1938년에 웨스트민스터 채플에서 같이 사역하자고 제안했다. 로이드존스는 처음에는 이를 사양하였다. 노스 웨일즈 발라에 있는 자기 교단의 신학교에서 학문을 가르치는 자리를 논의하고 있었기 때문이었다. 그러나 하나님의 섭리로 일이 이상하게 비틀어져 그 자리가 제공되지 않았다. 1938년 7월, 그는 런던 중심부에 있던 런던 최대의 자유 교회인 웨스트민스터 채플에서 제의한 캠벨 몰간을 도와달라는 요청을 받아들였다.

웨스트민스터 채플로 옮기다

1938년 9월, 로이드존스는 몰간의 조력자가 되기 위해 런던에 도착했다. 그 당시 마틴은 이 일이 단 6개월간일 것이라고 생각했다. 그러나 진행되고 있던 웨일즈의 다른 신학교 교장 청빙 건이 무산되었다. 강단에 머물러야 한다는 것이 분명해졌다.

그해, 로이드존스는 기독학생회(Inter-Varsity Fellowship of Students) 회장이 되었다. 결국 그는 몰간과 함께 사역하는 동사 목사가 되었고, 1943년에는 은퇴한 몰간 목사 후임으로 웨스트민스터 채플을 섬기게 되었다. 그 후 25년간 그는 강단을 지켰고, 그동안 웨스트민스터 채플은 복음의 빛을 비추어 수없이 많은 사람들을 변화시키는 위대한 복음 사역의 등불이 되었다.

제2차 세계대전이 끝났을 때, 웨스트민스터 채플의 교인 대부분은 안전을 찾아 교외로 이사했다. 전쟁 전에 비해 교인의 수가 상당히 줄어들었다. 성경을 설교하는 것 외에 다른 전략을 사용하지 않고도 교회가 살아남을 수 있을지에 대한 의문이 강력하게 제기되었다. 교회 내 일부 사람들은 성가대를 만들고, 저녁 오르간 연주회를 하여 출석자 수를 늘리기 원했다. 하지만 로이드존스는 그런 타협을 모두 거부했다. 그는 계속 설교에 집중했고, 시간이 지나면서 1층 발코니를 다시 개방해야 했다. 그 다음에는 2층 발코니도 다시 개방했다. 결국 예배당은 가득 찼다.

영국의 외로운 소리

로이드존스는 평생 하나님의 말씀이 청중의 마음과 양심을 크게 휘젓는 설교를 하였다. 그는 웨스트민스터 채플 설교단에 서 있는 동안 성경에 기초한 사역의 중요성에 대해 한 번도 흔들리지 않고 헌신하는 모범을 보여주었다. 회복이 절실했던 것이다. 당시 사회는 그와 반대 방향으로 흘러가고 있었지만, 로이드존스는 사람들을 끌기 위해서 세상 흥미를 사용하라는 주위의 압력에 결코 굴복하지 않았다. 그는 오직 하나님의 능력만을 의지하며 하나님의 말씀을 전했다. 이안 머리는 이렇게 썼다.

1950년대에 영국에서 '강해 설교'를 하는 사람은 사실상 마틴 로이드존스 혼자뿐이었다. 이 명칭에 부합하는 설교가 되려면, 설교 내용이 성경적인 것만으로는 충분하지 않다고 그는 생각했다. 즉 단어 연구에 집중하거나 주석을 하고 모든 장을 분석하는 것은 '성경적'이라고 할 수 있을지는 모르지만, 강해라고는 할 수 없다는 것이었다. 강해한다는 것은 단순히 어떤 절이나 어구의 문법적으로 정확한 뜻을 제시하는 것이 아니라, 그 말씀이 전달하고자 하는 원리나 교리를 밝혀주는 것이다. 그러므로 진정한 강해 설교는 교리적 설교로, 구체적인 진리를 하나님으로부터 사람에게 전하는 설교라는 것이다.

강해 설교자는 단순히 '자신이 연구한 것'을 다른 사람들에게 나누어주는 사람이 아니라, 하나님의 말씀을 인간에게 권위 있게 전달하는 대사이자 사자이다. 그런 설교는 먼저 본문 전체를 제시하고, 그 다음에는 그 본문과 함께 추론과 논증과 호소가 있으며, 그리고 전체가 성경 그 자체의 권위를 증거하는 메시지가 된다.[8]

로이드존스는 자신이 정의한 설교, 즉 '불타는 사람을 통하여 나오는 신학'의 화신이었다. 그는 설교가 '하나님의 방법', 성경의 진리를 알리는 주된 수단이라고 믿었다. 로이드존스는 수세기 전 설교는 하나님의 은혜를 교회에 전달하는 주된 수단이라고 주장했던 종교개혁자와 청교도들과 입장을 같이했다.

1954년 10월, 로이드존스는 구원과 성화의 능력이 충만했던 유명한 산상수훈 절별 강해를 시작하였다. 그리고 그해 청교도 운동을 집중

---

8) Murray, *The Fight of Faith*, 261.

연구하는 연례 집회인 웨스트민스터 청교도 대회를 열정적으로 지원하였다. 메마른 영국 교회는 그런 청교도 신앙의 부활이 절실하게 필요하다고 믿었던 것이다.

그 2년 전인 1952년에는 그의 기념비적인 설교인 금요일 저녁 설교 시리즈를 시작하였는데, 그것은 1968년에 그가 은퇴할 때까지 계속되었다. 처음에는 성경의 위대한 교리 설교 시리즈를 3년 동안(1952-1955년) 계속했고, 그 다음에는 13년에 걸친 로마서 강해(1955-1968년)가 이어졌다. 처음에는 친교 모임 장소에서 작은 그룹으로 시작했지만, 숫자가 점차 늘어나 본당으로 옮길 수밖에 없었다. 그리하여 한 말씀 한 말씀을 집어삼키듯 집중하는 열정적인 청중들의 주된 양식이 되었다.

부흥을 추구하다

로이드존스가 교회를 향하여 가진 소망은 18세기에 체험했던 대각성과 같은 진정한 부흥이었다. 그는 조지 휘트필드와 조나단 에드워즈 등과 같은 설교자들이 영국에서도 나올 것을 갈망했다. 그 결과, 생명을 위협하는 두 가지 극단을 피해야 한다는 것을 깨닫게 되었다. 한편으로는 '차가운 칼빈주의'라는 죽은 정통을 피하려 했고, 다른 한편으로는 오순절 운동 같은 감정적 운동들이 갖는 '과도한 감정주의'를 피하려 했다.

로이드존스가 바랐던 것은 체험적 개혁주의 운동이었다. 1859년 부흥운동(영국 아일랜드 얼스터 지방에서 일어난 부흥운동으로 10만 명이 회심하는 사건이 일어났다–편집자주) 100주년 되는 해에는 부흥에 관한 시리즈 설교(유명한 '부흥' 설교)를 통해, 하나님께서 교회를 그의 충만한 능력으로 회복시켜 주시기를 원하는 간절한 소망을 선포했다. 오직 진정한 각성만이 자만에 빠져 세속적이며 빈약한 교리와 천박한 영적 체험에 젖어있는 교회를 부흥시킬 수 있다고 생각했다.

웨스트민스터 채플에 부흥의 증거들이 속속 나타나기 시작했다. 온갖 사람들이 하나님의 말씀을 듣기 위해 교회로 찾아왔다. 회중 가운데는 의료계에서 온 의사와 간호사들이 있었고, 의회 위원들도 회중석에 앉아 설교를 들었다. 또한 전 세계에서 온 많은 학생들이 예배에 참석했다. 왕실 직원들도 왔다. 참석자들의 삶에 역사하시는 하나님의 능력은 단지 숫자와 관계가 없었다. 수없이 많은 사람들이 회심했다. 학생들은 사역과 선교지로 부름을 받았다. 하나님의 임재와 능력 이외의 것으로는 설명할 수 없는 일이었다.

1950년대의 다른 기간도 동일했다. 하나님의 축복의 손길이 그의 사역에 함께 하시는 것으로 볼 수 있었다. 그는 강단에 굳게 서서 움직이지 않았다. 주일 아침이면, 신자들을 위해 체험적 신앙에 대해 설교했다. 주일 저녁에는 회심하지 않은 사람들을 위해 복음 메시지를 전했다. 금요일 밤에는 조직 신학과 로마서를 중심으로 교리 설교를 했다. 그리고 웨스트민스터 채플 밖에서는 목회자들을 위한 목회자로서 수많은 사역자 집회와 모임을 이끌었다. 그 외에도 그는 청교도 고전들을 비롯하여 개혁주의 저작들을 출판하는 BTT(Banner of Truth Trust) 출판사를 세우는 일을 도왔다.

1960년대는 로이드존스 박사의 사역에서 가장 힘든 기간이었다.

그는 몇 가지 큰 어려움을 겪었는데, 그중에는 자신과 많은 것을 같이 한 사람들도 포함되어 있었다. 그는 영국의 영적 상태가 더 나빠지는 것을 두려워하여 이전에 생각했던 것보다 더 많은 관심을 기울일 것을 요구했다. 하지만 1950년대에 교회 회복에 같이 했던 사람들 다수가 개혁주의 진리가 너무 배타적이라는 생각에 빠져들고 있었다. 그는 에큐메니컬(교회 일치운동) 사상이 영국 전역을 맹공격하고 있음을 알았다.

1960년대에는 기존의 교파들을 진보적으로 변혁하자는 책과 논문, 강의, 집회가 넘쳐났다. 로이드존스 같은 많은 복음주의자들은 다양한 교파에 소속되어 사역을 하고 있었다. 하지만 이런 교파들이 자유주의를 따르는 목회자들을 받아들임으로 이제는 그들의 정통 신앙 고백들을 더 이상 받아들일 수 없게 되었다. 이 당시 영국의 에큐메니컬 운동은 모든 교파들이 타협하여 1980년까지 "하나의 교회"가 될 것을 촉구했다.[9] 그래서 이 운동은 복음주의자들로 하여금 올바른 방향이 무엇인지를 주의깊게 생각하게 만들었다.

진정한 에큐메니컬 운동

로이드존스가 보기에 정말 중요한 문제는, 누가 그리스도인인지에 대한 올바른 정의와 죄 사함을 얻는 방법 그리고 교회가 무엇인지를 바르게 이해하는 것이었다.[10] 제임스 패커와 존 스토트를 포함한 일부

---

9) Eveson, personal correspondence with the author.
10) Iain H. Murray, *Evangelicalism Divided* (Edinburgh, Scotland: Banner of Truth, 2001),

복음주의 지도자들은 교단에 남아 복음주의의 목소리를 내면서 영향력을 행사하기를 원했고, 또 다른 복음주의 사역자들은 교단을 떠나 독립 교회를 세우기도 했다.

런던에 있는 켄싯복음교회 목회자였던 필립 입슨(Philip H. Eveson)은 이런 말을 했다.

"로이드존스는 교리적으로 혼합된 교단에 소속되어 있는 복음주의자들이 다른 교단의 복음주의자들이나 복음주의 선교단체와 함께 하는 것은 기쁘게 생각했지만, 교회로서 함께 하는 것은 별로 관심을 갖지 않는 것을 모순이라고 생각했다."[11]

로이드존스는 자유주의 에큐메니컬 운동에 대항하여 복음주의 교단과 교회들이 느슨한 형태로 연합하는 일에 큰 관심을 보였다.

로이드존스는 에큐메니컬 운동이 교회의 생명 자체를 위협한다고 생각했다. 이 주제는 1962년 여름, 웰린에서 열린 웨스트민스터 친교회에서 그가 두 번에 걸쳐 강의한 내용이었다. 그는 요한복음 17장과 에베소서 4장을 강해하면서, 그리스도인이 된다는 것의 정의와 왜 이것이 그리스도인의 연합에 대한 이해에 선행해야 하는지를 보여주었다. 그는 그리스도인이라는 말에는 전통적 신앙과 개인적 체험이 있어야 한다고 지적하였다. 진정한 그리스도인은 자신의 죄를 고백하고 회개하며, 그리스도를 유일한 소망으로 받아들임으로써 이제 거듭남을 통해 새로운 생명을 가진 사람이다. 이 강의는 1962년 12월, 영국 IVP에서 『그리스도인 연합의 기초』(The Basis of Christian Unity)라는 제목

48.
11) Ibid.

으로 출판되었다.[12]

그러자 많은 에큐메니컬 운동가들이 로이드존스를 비판했다. 영국의 주요 대학교들과 저명한 강단들에서 로이드존스를 공개적으로 공격했다. 그러나 이런 비판으로는 영국의 복음주의 입장을 바로잡으려는 로이드존스의 노력을 저지할 수 없었다. 에큐메니컬 운동은 교리적으로 적절하게 다루어져야 할 심각한 문제를 제기했다. 로이드존스는 이 위기가 진정한 연합의 의미에 대해 이야기할 수 있는 둘도 없는 기회라고 생각했다. 그는 더 넓은 성공과 영향력을 위해 많은 복음주의자들이 교리적 헌신에 약해지는 것을 안타까워했다. 사실 그는 일찍이 1950년대에 빌리 그레이엄이 취한 이런 태도를 목격한 적이 있었다. 빌리 그레이엄은 1954년 해링게이 에리나 전도대회를 통해 영국에 널리 알려졌었다.

1963년, 빌리 그레이엄은 로이드존스에게 유럽에서 개최되는 세계복음전도대회(World Congress on Evangelism) 대회장을 맡아달라고 요청했다. 1963년 7월, 웨스트민스터 채플 부속실에서 열린 회의에서 로이드존스는 빌리 그레이엄에게 만일 전도대회를 위한 일반 후원을 중단하고, 자유주의와 가톨릭과 함께 하는 일을 포기하며, 설교 마지막 부분에 결신 초청을 포기하면, 다가오는 세계복음전도대회의 의장을 흔쾌히 맡겠다고 말했다.[13] 하지만 빌리 그레이엄은 이런 조건을 들어줄

---

12) Reprinted in Martyn Lloyd-Jones, *Knowing the Times* (Edinburgh, Scotland: Banner of Truth, 1989), 118-63.

13) Iain H. Murray, *The Life of Martyn Lloyd-Jones, 1899-1981* (Edinburgh, Scotland: Banner of Truth, 2013), 371.

수가 없었다. 대신 "이해와 대화를 위해 새로운 날"[14]에 만날 것을 요구하였다. 하지만 빌리 그레이엄은 유럽의 에큐메니컬 운동을 이끄는 사람들과 함께 그의 사역을 계속하려고 힘썼고, 로이드존스는 이것을 용납할 수 없었기 때문에 빌리 그레이엄의 요청을 거부하였다.

1965년 말에 이르자, 선이 분명하게 그어졌다. 로이드존스는 미국의 필립 휴즈에게 "우리는 내년에 진정한 위기를 맞게 될 것을 확신한다."고 써 보냈다.[15] 로이드존스는 복음주의자들이 새로운 가시적 집단을 결성할 것을 요구하면서, 만일 에큐메니컬 운동에 속해 있는 사람들이 협조하지 않으면 분리할 것을 제안하였다. 본질적으로 이것은 연합을 단순히 영적인 것과는 다른 어떤 것이 되게 하였다. 로이드존스는 항구적으로 협력하는 길은, 교회와 목회자들이 기독교 신앙의 핵심적인 교리에 있어서 성경의 권위에 다같이 전심으로 굴복하는 것이라고 생각했다.

1966년 10월에는 이 논쟁이 공식적으로 드러났다. 로이드존스는 전국 복음주의협회 제2차 대회에서 공적인 반대에 부딪혔고 이로 인해 복음주의는 분열되었다. 그는 강연에서 정통 신앙을 고수하는 복음주의 교회들의 연합체를 결성함으로써 폭넓게 연합할 것을 요청하였다. 그가 원한 것은 '복음주의 교회들의 연합 내지는 협회'였다. 런던의 올소울스 교회 목사인 존 스토트가 그 대회의 의장이었는데, 그는 새로운 협회를 만들자는 이 호소를 거부하였다. 그는 목회자들이 그가 속

---

14) Ibid.
15) Letter of December 12, 1965, *D. Martyn Lloyd-Jones: Letters, 1919-1981* (Edinburgh, Scotland: Banner of Truth, 1994), 167.

한 성공회를 포함하여 그들의 교단을 떠날 것을 두려워하였다. 이로 인해 분리가 불가피하게 되었다. 결국 이런 저런 이유들 때문에 청교도 대회는 취소되었고, 대신에 하나님의 말씀에 철저히 충성하는 사역자들을 위해 웨스트민스터 대회(Westminster Conference)가 새롭게 창설되었다.

웨스트민스터 채플에서 은퇴하다

1968년, 로이드존스는 대장암으로 갑작스럽게 웨스트민스터 채플의 설교 사역을 중단하게 되었다. 3월 1일, 로이드존스는 이 교회에서 마지막 설교를 하였다. 그리고 다음 목요일 성공적으로 수술을 마쳤다. 그러나 그는 교회로 다시 돌아가지 않고 어떤 환송식도 없이 물러났다. 그러고는 저술 사역과 순회설교를 하기 시작했는데, 이를 통해 그의 영향력이 더욱 넓어지게 되었다. 그는 대부분의 시간을 출판을 위해 설교 원고를 편집하는 데 사용했다. 그중 대표적인 것이 금요일 저녁 설교 시리즈인 로마서 강해였다. 그는 인쇄된 지면을 통하여 새로운 세대의 설교자와 신자를 만들어냈다. 물론 가끔씩은 영국 텔레비전과 라디오에 출연하기도 했다.

몇 년이 지나자, 그는 영국 전역과 세계로부터 설교 초청을 받게 되었다. 그는 젊은 사역자들을 격려하기 위해 가능한 한 이런 초청에 응했다. 대표적인 여행이 미국 필라델피아에 있는 웨스트민스터 신학교 강의로, 거기서 16회에 걸쳐 설교에 대해 강의했고, 그 내용이 그의 고전적인 책 『설교와 설교자』가 되었다. 그는 이 책의 메시지를 통하여 강해 설교를 하는 수많은 설교자들에게 영향을 주었다.

끝까지 충성하다

1980년 6월 8일, 바르콤 침례교회(에섹스 동쪽에 있음)에서 그의 마지막이 될 설교를 하였다. 그리고 1981년 죽음 이틀 전에, 그는 떨리는 손으로 아내와 자녀들에게 다음과 같은 쪽지 글을 썼다.

"치유를 위해 기도하지 마라. 영광으로 들어가는 나를 붙들지 마라."[16]

그리고 그 다음 주일인 3월 1일, 그가 웨스트민스터 채플에서 마지막 설교를 한 지 정확히 13년이 되는 날, 그는 평화롭게 숨을 거두고 그렇게 소중히 여기던 하나님을 뵙기 위해 영광으로 들어갔다.

존 스토트는 "거의 30년 동안 영국에서 가장 강력하고 설득력 있었던 목소리가 이제 잠잠해졌다."고 하였다.[17] 로이드존스는 교회 역사를 연구하는 사람이었다. 그래서 그가 가장 소중하게 여겼던 말 가운데 하나는 초기 감리교도들에게 했던 존 웨슬리의 말이었다.

"우리 사람들은 잘 죽는다."

그는 자신의 죽음을 통해 이 말의 복됨을 경험했다.

로이드존스는 사우스 웨일즈의 카디간 인근의 뉴캐슬 에밀린에 묻혔다. 이 매장지는 로이드존스 자신이 선택한 곳인데, 그가 이곳을 택

---

16) Michael Rusten and Sharon O. Rusten, *The One Year Christian History* (Wheaton, Ill.: Tyndale House, 2003), 115.

17) Back cover of Murray, *The Life of Martyn Lloyd-Jones*.

한 이유는 자기 가족과 자녀들과의 관계 때문이기도 했지만, 사랑하는 그의 아내 베단의 가족이 거기에 묻혔기 때문이었다.

이 웨일즈의 묘지에는 평범한 무덤이 하나 있는데, 묘비에는 그가 55년 전 애버라본에서 처음 설교했던 성경 본문 말씀이 새겨져 있다.

마틴 로이드존스 1899-1981
"내가 너희 중에서 예수 그리스도와 그가 십자가에 못 박히신 것 외에는 아무 것도 알지 아니하기로 작정하였음이라."

사도 바울이 영감을 받아 기록한 이 고린도전서 2장 2절 말씀은 로이드존스의 삶과 사역을 가장 잘 요약하고 있다. 그는 실로 그리스도와 그가 하신 일만을 선포하기로 결심한 사람이었다. 그는 죽을 때까지 이 소명에 충실했다.

마틴 로이드존스는 진리와 바른 개혁 교리에 대한 칼빈의 사랑과 18세기 감리교 부흥의 불과 열정이 결합된 사람이었다. …그는 하나님의 은혜와 은사로 위대한 설교자가 되었다.[1]

− 존 파이퍼

---

1) John Piper, "Martyn Lloyd-Jones: The Preacher," in *Preaching and Preachers: 40th Anniversary Edition*, by D. Martyn Lloyd-Jones (Grand Rapids, Mich.: Zondervan, 2009), 153.

2장

설교자로서의 주권적인 부르심

　마틴 로이드존스는 여러 가지를 떠올리게 하는 인물이다. 그는 저명한 저자요, 복음주의 지도자요, 대회 주관자요, 출판사 설립자 등 수많은 일을 한 사람이었다. 그러나 무엇보다도 가장 우선적으로 로이드존스는 설교자, 그것도 강해 설교자였다. 영국의 강단에서 권위 있는 목소리가 점차 잦아들고 있을 때, 하나님은 이 불 같은 웨일즈 사람을 일으켜 세우셔서, 설교가 16세기와 17세기 청교도 시대와 18세기 복음대각성 시기의 영광을 되찾게 하셨다. 로이드존스 박사는 냉담한 직업주의와 메마른 학문주의가 현대 강단에 스며들었다고 생각했다. 로이드존스는 강단에 불을 붙여서 20세기의 성경적 설교가 다시 불타게 하여 지금까지 퍼지게 하였다.

　그러나 인간적으로 생각해볼 때, 이 젊은 의사 지망생이야말로 이런 사명으로 부르심을 받았을지를 절대로 생각해보지 않을 사람이었다. 그는 20대 중반에 벌써 의사로서 절정을 향해 치닫고 있었다. 그는 세상에서 얻을 수 있는 거의 모든 것을 손 안에 쥐고 있었고, 자신이 선택한 분야에서 정상에 오를 수 있는 유리한 위치에 도달해 있었다. 그러나 하나님은 세상도 모르고 로이드존스 자신도 모르는 다른 길을 예비하고 계셨다. 섭리라는 보이지 않는 손은 그를 다른 소명으로 인도하고 계셨던 것이다.

로이드존스는 더 이상 육신을 돌보는 일을 위해 사용되지 않고 영혼을 치유하는 일을 위해 쓰임을 받았다. 그는 분명 말씀을 전하라는 하늘의 부르심을 받은 사람이었다.

성경은 능력 있는 자나 고귀한 자들 가운데서 구원이나 하나님을 섬기는 일을 위해 하나님께 택함을 받은 사람들이 많지 않다고 가르친다. 대부분 하나님이 부르신 사람들은 평범한 사람들, 즉 어부나 세리 등과 같은 사람이었다. 그러나 세상 성공의 사닥다리의 꼭대기를 오르고 있는 사람들을 하나님이 부르시는 경우가 종종 있다. 누가와 바울 같은 이들은 많이 배우고 잘 훈련된 사람들이었다. 총명한 의사 마틴 로이드존스가 바로 이런 경우에 해당되었다.

젊은 의사였던 로이드존스는 자신의 의술 행위를 통해서 환자들을 육신적으로는 회복시키지만, 결국은 영적으로 부패한 삶으로 다시 돌아갈 뿐임을 깨달았다. 그는 자신이 이들의 피상적인 필요만을 돌볼 뿐 하나님과의 관계에 관한 가장 깊은 영적 필요는 해결해주지 못하고 있음을 알았다. 그래서 로이드존스는 육신보다는 영혼을 치유하는 일에 헌신해야겠다고 생각했다.

격렬한 내면의 깊은 갈등

로이드존스 박사는 26세 때, 자신의 삶에 대한 하나님의 부르심이 무엇인지를 놓고 치열한 고민에 빠졌다. 하나님의 인도를 확인하는 데 열중한 나머지 그렇지 않아도 말랐던 그의 몸은 거의 9킬로그램이나 빠졌다. 그는 하나님의 뜻을 찾기 위해 마음이 괴로워 쉴 수가 없었고 잠을 잘 수가 없었다. 그는 마치 야곱이 하나님의 길을 분별하기 위해 주의 천사와 씨름한 것처럼 씨름하였다. 이런 산고를 거치는 동안 그는 하나님이 자신을 사역으로 부르셨음을 확신하였다.

이런 결사적인 노력은 그와 베단, 그리고 다른 한 커플과 함께 런던 레스터 스퀘어에 있는 극장에 갔을 때 극에 달했다. 연극이 끝나고 네 사람은 극장에서 나와 번화한 광장의 밝은 불빛 가운데로 들어섰다. 거기서 구세군 악대가 찬송가를 연주하면서 거리 전도를 하고 있는 것을 보았다. 그 순간, 그는 그들의 강한 확신에 충격을 받았다. 이 작은 사역팀이 구원 메시지를 전하는 것을 보면서 그는 그 결정적인 순간에 "이들이 나의 사람들이다."[2]라고 결론내렸다. 이 사건을 통해, 그는 말씀을 전파하라는 하나님의 소명에 응답할 것을 결심하였다.

---

2) Ibid., 93.

로이드존스는 이때를 회고하면서 이렇게 요약하였다.

> 나는 이 일을 절대로 잊지 못한다. 바그너의 오페라 '탄호이저'에는 한 가지 주제와 두 가지 매력(세상의 매력과 순례자들의 합창이라는 매력) 그리고 이 둘 사이의 대비가 있었다. 나는 종종 이 일을 생각한다. 나는 그것이 의미하는 바를 정확하게 안다. 나는 그 오페라를 즐겼던 것 같다. 그리고 이 악대의 찬송을 들으면서, 나는 "이들이 나의 사람들이고, 이들이 내가 속한 사람들이다. 그러니 나도 그들에게 속해야 한다."라고 스스로에게 말했다.[3]

하나님의 부르심에 복종한 로이드존스는 복음을 전하기 위해 의사라는 직업을 기꺼이 포기했다. 그는 측량할 수 없는 그리스도의 풍성함을 전하고 하나님께서 어디로 인도하시든 그의 뜻을 따르기 위해 전적으로 사역에만 헌신하였다.

충격적인 결과

이 결단의 소식은 의료계를 휩쓸고 들불처럼 퍼져나갔다. 사람들은 그가 왜 그토록 유망한 의사 직업을 포기했는지를 물었다. 사람들은 만일 그가 단순한 도박꾼이었다면 복음을 전하기 위해 그런 일을 포기하는 것을 이해할 수 있을 것이라고 했다. 그러나 사람들을 돕는 직업인 의사 길을 버리고 허물어져 가는 교회의 사역자가 되려고 하는

---

3) Ibid.

사람이 어디 있겠느냐고 생각했다.

이런 의심과 비판에 대하여, 로이드존스는 만일 그들이 복음의 능력을 안다면, 그런 반응을 보이지 않을 것이라고 대답하였다.

나는 그들에게 "아 네, 만일 여러분이 의사가 하는 일에 대해 좀 더 안다면 이해할 것입니다. 우리는 오직 사람들이 그들의 죄로 다시 돌아가게 하는 데 거의 모든 시간을 사용하고 있습니다."라고 말해주고 싶었다. …나는 이 사람들이 다시 죄를 짓도록 도와주고 있음을 알았기에 더 이상 그런 일을 하지 않기로 결정했다.

나는 영혼을 치유하기 원한다. 만일 어떤 사람의 몸은 병들었으나 영혼은 건강하다면, 그는 마지막에 문제가 없다. 하지만 몸은 건강하지만 영혼은 병들어 있다면, 60년 동안은 문제가 없지만 그 후에는 지옥에서 영원을 보내야 한다. 아, 그렇다! 우리는 때때로 가장 좋은 것을 위해서 좋을 것을 포기한다.[4]

사실 로이드존스는 더 좋은 것, 실제로는 가장 좋은 것을 추구하기 위해 좋은 것을 포기했다. 의사 직업을 떠나면서 로이드존스 박사는 솔직하게 말했다.

"나는 아무 것도 포기하지 않았습니다. 나는 모든 것을 받았습니다. 나는 하나님이 어떤 사람을 복음의 사자로 불러주신다면 그것이 최고의 영광이라고 생각합니다."[5]

---

4) Murray, *The First Forty Years*, 80.
5) Lloyd-Jones, *Preaching and Preachers*, 9.

그에게는 설교자가 서 있는 강단이 거룩한 곳, 하나님이 특별히 구별해 두신 곳이었다. 그는 마음으로 영원한 것을 위해 일시적인 것을, 하나님의 일을 위해 인간의 일을, 천국의 일을 위해 지상의 일을 포기했다. 그것은 희생이 아니라 오히려 영전이었다.

로이드존스는 하나님께서 자신을 거룩하신 계획에 따라 이 고귀한 설교의 소명으로 이끄셨음을 이해하게 되었다. 그는 이것이 매우 거룩한 소명이어서 아무나 감당할 수 없다고 믿었다. 이 부르심은 자신의 뜻이 아니라 하나님께서 친히 사람에게 주셔야 한다. 따라서 로이드존스의 생각에 설교는 오직 하나님만이 부여하실 수 있는 거룩한 임무였다. 그는 이렇게 주장했다.

"설교자는 단순히 설교하기로 결심한 그리스도인이 아니다. 설교하겠다고 자기가 결정하는 것이 아니다. 설교하는 것을 그냥 소명으로 받아들일 수도 없다."[6]

이 말은 그런 결단이 사람에게서 나오는 것이 아니라 위로부터 주시는 것이라는 의미이다. "설교를 명령하시는 분은 하나님이며, 설교자를 보내시는 분도 하나님이시다."[7] 이 젊은 의사가 자신의 삶을 설교에 헌신하기로 한 것은 신적 명령에 대한 순종이었다.

로이드존스는 이런 사역으로의 부르심은 사람에게 주어지는 것이며, 설교자의 마음에 역사하시는 분은 하나님이라고 생각했다. 그런 하늘의 부르심은 인간에게서 시작되는 것이 아니라 하나님에게서 시작된다. 로이드존스는 소명이 이처럼 하나님에게서 시작된다는 것을

---

6) Ibid., 103.
7) Murray, *The First Forty Years*, 80.

이렇게 설명했다.

나는 설교자로 부름받았는가, 아닌가? 어떻게 아는가? … 이것은 당신에게도 일어나는 일이다. 그것은 하나님이 당신에게 하시는 일이며 하나님이 그의 성령으로 당신에게 행하시는 일이다. 그것은 당신이 행하는 어떤 일이라기보다는 당신이 깨닫는 일이다. 그것은 당신에게 부여되는 것이며, 당신에게 주어지고 당신이 늘 이 길로 가도록 거의 강요되는 것이다.[8]

반드시 해야만 하는 일

만일 어떤 사람이 설교 외에 다른 일을 할 수 있다면, 그는 그 일을 해야 한다고 로이드존스는 주장하였다. 그에게 설교단은 그냥 어떤 장소가 아니다. 그 사역은 한 개인이 단순히 할 수 있는 어떤 일이 아니라 반드시 해야만 하는 일이었다.

강단에 서기 위해서는 그런 필연성이 주어져야 한다. 그는 하나님께 부름받은 사람은 설교하지 않고 사느니 차라리 죽어야 한다고 믿었다.

"만일 이것 말고 다른 일을 할 수 있다면 그 일을 하라. 만일 사역을 하지 않을 수 있다면, 사역을 하지 말라."[9]

로이드존스는 유명한 영국의 목사 찰스 스펄전이 한 이 말을 종종

---

8) Lloyd-Jones, *Preaching and Preachers*, 104–5.
9) Ibid., 105.

인용했다. 다시 말해서, 강단을 위해 하나님의 택함을 받았다고 믿는 사람들만이 이 거룩한 임무를 감당해야 한다.

로이드존스는 "설교자는 만들어지는 것이 아니라 태어난다."고 주장하였다. "이것은 절대적이다. 어떤 사람이 이미 설교자가 아니라면 그를 가르쳐 설교자가 되게 할 수 없다."[10]

분명 로이드존스의 삶이 바로 그런 경우에 해당된다. 그는 자신이 자원하여 군에 입대하는 것이 아님을 깨달았다.

과연 설교의 부르심은 무엇일까? 로이드존스는 강단으로의 이 거룩한 부르심은 여섯 가지 특징을 가지고 있음을 밝힌다. 그는 이 여섯 가지 사실의 무게가 자신의 영혼을 무겁게 짓누르는 것을 느꼈다. 그는 모든 설교자들이 이와 동일한 영적인 부담감을 느껴야 한다고 생각했다.

첫째, 로이드존스는 말씀을 전하도록 부름받은 사람 안에는 반드시 내적 강제성이 있어야 한다고 주장했다. 그는 "자신의 영 안에 한 의식, 일종의 중압감이 자신의 영을 짓누르고 있다는 자각"[11]이 반드시 있어야 한다고 하였다. 그는 이것을 저항할 수 없는 충동으로, "영의 영역에서 일어나는 어떤 부담감"으로 "당신의 생각이 온통 설교하는 일에 집중되는 것"[12]이라고 정의하였다. 이 내적 강제성은 "그들의 삶에서 가장 강력한 힘"이 된다.[13]

---

10) Ibid., 119.
11) Ibid., 104.
12) Ibid.
13) Ibid.

"이것은 당신에게 일어나는 일로, 하나님이 그의 성령으로 당신에게 행하시는 것이며, 당신이 하는 일이라기보다는 당신이 깨닫게 되는 일이다."[14]라고 로이드존스는 설명하였다.

다시 말해서 설교하고자 하는 충동은 마음에 영적 부담감을 주어 반드시 해야만 하는 일이 되는 것이다. 이것은 영혼 안에서 뇌리를 사로잡는 거룩한 생각으로서, 부름받은 사람으로 하여금 믿음의 발걸음을 내딛어 그 일을 감당하게 한다.

이 거룩한 부르심은 영혼을 사로잡고 영을 지배한다고 로이드존스는 믿었다. 이것은 도무지 버릴 수 없는 압도적인 마음이 된다. 이것은 사라지거나 그 사람을 떠나지 않는다. 로이드존스는 이것을 피할 수 있는 길은 없다고 설명한다. 그런 강력한 힘이 그 사람을 붙잡아 그를 포로로 만든다. 로이드존스는 이것을 깨닫고 이렇게 말했다.

> 당신은 다양한 방법으로 찾아오는 이 혼란스러운 생각을 밀치고 떨쳐버리려고 최선을 다한다. 그러나 당신은 더 이상 그렇게 할 수 없는 지점에 도달한다. 그것은 거의 강렬한 마음이 된다. 너무나 압도적이어서 결국 당신은 "나는 다른 것은 아무 것도 할 수 없습니다. 나는 더 이상 저항할 수 없습니다."라고 말하게 된다.[15]

둘째, 로이드존스는 부름을 받은 사람에게는 외적인 요인이 있다고 강조하였다. 다른 신자들의 조언과 충고가 사역으로 부름받은 사람에

---

14) Ibid.
15) Ibid., 105-6.

게 영향력을 미친다는 것이다. 그것은 목사의 피드백이나 장로의 인정일 수도 있다. 다른 신자의 격려일 수도 있다. 성경공부나 강의실에서 당신이 말씀을 전하는 것을 들은 그들은 종종 그 사람이 사역으로 부르심을 받았는지를 가장 잘 분별한다. 다시 말해서, 관찰하는 사람들은 당사자가 감지하기도 전에 먼저 하나님의 손길을 깨닫는 경우가 종종 있다. 하나님을 잘 알고 말씀을 사랑하는 사람들은 누가 이 일을 위하여 구별되었는지 찾아낼 수 있다. 그들은 부름받고 있는 사람에게 그들의 부르심을 확인해준다.

셋째, 로이드존스는 부름받은 사람은 다른 사람들에 대해 사랑의 관심을 경험한다고 주장한다. 하나님은 선택받은 사람들에게 사람들을 향한 주체할 수 없는 사랑의 마음을 주신다. 하나님의 선택의 한 방법으로, 성령께서는 그에게 다른 사람들의 영적 행복을 원하는 간절한 소원을 주신다. 로이드존스는 이렇게 기록한다.

"진정한 부르심에는 반드시 다른 사람에 대한 염려, 다른 사람에 대한 관심, 구원받지 못한 그들의 상태에 대한 인식, 그것에 대해 뭔가 해주고 싶은 소원, 그들에게 메시지를 전하여 구원의 길을 가르쳐주고 싶은 소원이 포함된다."[16]

다른 사람들을 향한 이런 사랑에는 수없이 많은 사람들이 그리스도 없이 멸망하고 있다는 분명한 깨달음이 동반된다. 그리고 나아가 구원받지 못한 영혼들의 다수가 교회 안에도 있다는 염려가 따른다. 설교하도록 부름받은 사람은 그들에게 그리스도가 필요하다는 것을 깨우쳐 주지 않으면 안 된다는 생각을 한다. 그는 구원의 복음 메시지를

---

[16] Ibid., 104-5.

그들에게 전하지 않고는 배길 수가 없다.

로이드존스는 그의 삶에서 다른 사람들을 향한 이런 관심이 커지는 것을 경험했다. 그는 이런 말을 했다.

"나는 때때로 런던 밤거리에서 우두커니 서서 멍해질 때가 있다. 밤에 지나가는 차들을 보거나 사람들이 신이 나서 수다를 떨면서 극장 같은 곳으로 가는 것을 보면, 이 사람들이 자신에게서 평안을 찾고 있음을 깨닫고는 거의 말문이 막히곤 했다."[17]

이제 그의 커져가는 관심은 그들의 육신적인 건강이 아니라 그들의 영적 안녕이었다.

넷째, 로이드존스는 이 일을 하도록 부름받은 사람 속에는 압도적인 구속감이 있다고 확신했다. 그들에게는 그들을 사로잡는 일종의 "속박감"[18]이 있다고 주장했다. 그것은 마치 하나님의 뜻이 그를 설교해야 하는 의무로부터 풀어주지 않는 것과 같다. 설교하려는 내면의 욕구를 따르는 일 외에는 아무 것도 할 수 있는 것이 없다. 필연성이 그에게 주어지고, 그래서 다른 사람들이 뭐라고 하든 상관없이 그는 설교를 해야만 한다. 그는 어떤 장애물을 극복해야 해도 말씀을 전해야 한다.

다섯째, 로이드존스는 설교로 부르심받은 사람은 진지한 겸손(sobering humility)에 이르게 된다고 믿었다. 이 사람은 이와 같은 고귀하고 거룩한 임무를 감당하기에는 자신이 너무도 부적합하다는 의식에 압도당하여, 종종 이런 자신의 부적합함 때문에 설교하기를 주저

---

17) Murray, *The First Forty Years*, 94-95.
18) Lloyd-Jones, *Preaching and Preachers*, 105.

한다고 하였다. 로이드존스는 이렇게 썼다.

"하나님의 부르심을 받은 사람은 자신이 부름받았음을 깨달은 사람이며, 그 임무의 엄중함을 깨닫고 그것을 피하려 하는 사람이다."[19]

그는 설교를 하지 않을 수 없지만, 동시에 설교하기를 두려워한다. 그는 하나님을 위해 말해야 하는 이 막중한 책임 때문에 진지해진다. 그는 자신에게 맡겨진 이 청지기직과 그에 수반하는 책임 때문에 두려워 떤다.

여섯째, 로이드존스는 설교를 위해 부름받은 사람에게는 공동체의 확인이 있어야 한다고 덧붙였다. 하나님의 택함을 받은 사람은 교회 안의 다른 사람들에 의하여 관찰되고 검증되어야 한다고 그는 주장했다. 그때 비로소, 그는 교회로부터 보냄을 받을 수 있다. 로이드존스는 로마서 10:13-15을 바탕으로, 설교자들은 '보냄을 받은 사람'이라고 설명했다. 그는 이것을 파송 교회의 공식적 위임을 의미하는 것으로 이해했다. 교회의 지도자들은 설교를 위해 구별된 사람의 자질을 점검하고, 이 부르심의 타당성을 확인해야 한다. 그리고 하나님이 그의 삶에서 하시는 일을 인정하는 의미로 그에게 안수를 해야 한다.

로이드존스에 의하면, 이런 것들이 복음 사역을 위한 소명을 나타내는 표시이다. 설교를 위해 하나님이 구별하신 사람의 삶에는 이 여섯 가지 사실이 어느 정도 나타나야 한다. 설교의 소명을 확인하기 위해서는 이런 요인들이 있어야 한다.

---
19) Ibid., 107.

로이드존스는 이런 것을 삶에서 직접 체험했다. 나아가 그는 이런 표시가 삶에 있는지 분별하라고 격려하였다.

중요한 시사점들

하나님이 부르신 사람들에게는 이런 표시들이 발견되어야 하기 때문에, 로이드존스는 두 가지 시사점이 반드시 있어야 한다고 생각하였다. 앞에서 이야기한 요인들을 전제한다면, 이들로부터 당연히 이것을 추론할 수 있다.

첫째 시사점은 신학적 훈련에 관한 것이다. 로이드존스는 신학교가 설교자를 만들어내는 것이 아니라고 믿었다. 오직 하나님만이 설교자를 만드신다. 그래서 그는 신학교에 가지 않기로 결정했다. 그는 하나님이 자신을 설교하도록 부르시고 은사를 주셨다고 확신했다. 그는 자신의 개인적 독서와 강도 깊은 공부를 통해 자신이 부름받은 임무에 적합하다고 믿었다. 그는 명예 박사학위도 거부했다. 이것과 함께 그는 누구도 설교자가 되기 위해 고등신학교육 기관에 가야 한다고 믿지 않았다. (이 같은 로이드존스의 결정은 당시 영국 신학교들이 자유주의 신학에 깊이 오염되어 있었기 때문이었다-편집자주)

로이드존스는 은퇴 후에 사역자들을 훈련하기 위하여 런던 신학교(London Theological Seminary)를 세웠다. 그러나 다른 신학교와는 달리 수료증이나 학위를 주지 않았다. 학위를 수여하면 이제 그것으로 설교자가 되었다는 착각을 할 수 있다고 그는 믿었다.

그러나 만일 어떤 사람이 진정 하나님으로부터 설교자의 은사를 받았다면, 신학교는 하나님이 이미 그에게 주신 것을 향상시키고 발전시킬 수 있다. 하지만 이런 사역 훈련은 사람을 제한된 한도 안에서만 개선시킬 수 있을 뿐이다. 가장 핵심적인 것은 바로 하나님의 부르심이다.

둘째 시사점은 평신도 설교자 사역에 관한 것이다. 영국에서는 진정한 성경적 설교자가 부족하였기 때문에, 이 부족함을 해결하기 위해 로이드존스 시절에는 평신도 설교자 운동이 나타났다. 로이드존스는 이것을 해결책으로 보지 않고 한 문제를 또 다른 문제로 바꾸어놓는 것으로 여겼다. 그는 평신도 설교자의 합법성을 거부하였다. 그 이유는 모든 신자가 설교하도록 택함받는 것은 아니기 때문이었다.

강단으로 부르심을 받은 사람들만이 설교해야 한다. 그러므로 다른 사람들에게는 그렇게 하도록 허용되어서는 안 된다. 분명 그는 모든 그리스도인이 하나님의 증인이 되도록 하나님의 명령을 받았다고 확신했다. 그러나 설교의 부르심을 받은 사람만이 강단에서 성경을 강해해야 한다.

모든 그리스도인이 복음을 전해야 하지만, 오직 설교를 위해 부르심받은 사람만 교회에서 이 고귀한 소명을 감당해야 한다.

설교자 부족의 문제는 설교자를 많이 만든다고 해결되지 않는다. 오히려 설교를 위해 하나님의 은사를 받은 설교자를 찾아 훈련시키는 것이 비록 설교자 수는 적을 수 있지만 그에 대한 해답이다.

가장 고귀하고 위대한 소명

로이드존스는 목회에서 은퇴한 후, 1969년에 필라델피아 웨스트민스터 신학대학원에서 설교를 주제로 일련의 강의를 하였다. 이 강의에서 그는 제일 먼저 말씀을 설교하는 부르심의 고귀함을 역설하였다.

> 설교의 사역은 가장 고귀하고 가장 위대하며 사람이 받을 수 있는 소명 가운데 가장 영광스러운 소명입니다. 만일 여러분이 무엇을 더 말해주기를 원한다면, 나는 주저 없이 오늘날 교회에서 가장 긴급한 필요는 참된 설교라고 말하겠습니다. 이것이 교회에서 가장 위대하고 가장 긴급한 필요이며, 분명 세상의 가장 큰 필요이기도 합니다.[20]

이 말을 통해, 로이드존스는 설교가 설교자에게 주어진 성스러운 소명임을 확언하였다. 사실상 하늘 아래에서 가장 고귀한 소명은 영감된 말씀의 설교자가 되는 것이라고 그는 믿었다. 우리 삶의 길을 결정하는 것은 우리 자신이 아니라 하나님이시다. 그가 청중에게 즐겨 말했던 것처럼, 우리는 '우리 운명의 주인'이 아니다. 우리를 운명의 주인으로 생각하는 태도는 하나님의 지혜가 아니라 빅토리아 시대의 시에 나오는 인본주의자의 오만에 속한 것이다.

따라서 설교자는 이 엄청난 임무에 온 마음을 다해야 한다. 로이드존스는 이렇게 설명한다.

---

[20] Ibid., 9.

"설교자는 오직 한 가지 일만 하는 사람이다. 이것을 위해 그는 부름을 받았고, 이것이 설교자 인생의 가장 큰 열망이다."[21]

부르심을 받은 사람은 오직 하나님이 맡기신 이 일에만 집중해야 한다. 설교를 위한 부르심이 그 사람의 사역을 이끌어가는 힘이 되어야만 한다. 로이드존스는 이 거룩한 부르심에 전적으로 헌신하였다.

---

21) Ibid., 166.

19세기 영국에 찰스 스펄전이 있었다면, 20세기 영국에는 마틴 로이드존스가 있다. 복음주의자들 사이에 로이드존스라는 이름만 언급해도 그는 교회 역사상 보기 힘든 열정을 가지고 하나님의 말씀을 한 절 한 절 설교하는 데 깊이 헌신한 사람으로 각인되어 있다.[1]

− R. C. 스프로울

---

1) Back cover of *The Chirst-Centered Preaching of Martyn Lloyd-Jones*.

3장

성경에 기초한 설교

마틴 로이드존스의 설교는 20세기 영국의 깊은 어둠 속을 밝게 비추었다. 이 불 같은 웨일즈 출신 설교자가 사역하던 시대는 "영어권 세계에서 강력한 성경적 설교가 쇠퇴하던" 때였다.[2] 교회는 성경의 권위에 대한 고귀한 믿음을 잃어버리고, 인간의 공허한 생각으로 바꾸어 버리고 말았다.

"인간의 의견이 하나님의 진리의 자리를 차지했고 사람들은 궁핍한 나머지 이단에 빠지고 있으며 거짓된 권위에 귀를 기울이고 있었다."[3]

로이드존스가 웨스트민스터 채플의 강단을 맡은 때는 바로 그렇게 교회가 쇠퇴해 가던 시기였다.

로이드존스는 자신이 직면한 수많은 타협 요구에도 불구하고 굴복하지 않고 완강하게 거부하였다. 그는 실제로 시대에 맞지 않게 태어

---

2) Alexander, foreword to *The Cross*, viii.
3) D. Martyn Lloyd-Jones, *The Christian Soldier: An Exposition of Ephesians 6:10-20* (Grand Rapids, Mich.: Baker, 1977), 211.

난 청교도였기에, 사람들의 흥미를 끌라는 아우성에 단호하게 저항하였다. 그는 많은 교회들에게 인기 있었던 교회 성장 테크닉을 받아들이지 않았다. 그 대신 로이드존스는 말씀 강해에 의지하여 교회를 세우려 하였다.

제2차 세계대전 동안 불과 150명 정도의 인원이 모이던 교회를 이어받은 그는, 주일 아침과 저녁에 2,500명의 예배자들로 예배당이 가득차고, 금요일 밤에는 1,200명이 모이는 교회로 성장시켰다. 그러나 늘어난 숫자보다 더 중요한 사실은 사람들이 회심하고 그리스도의 형상으로 변화되었다는 것이다.

로이드존스는 사역 기간 내내 성경을 설교하는 것이 항상 교회의 최우선순위가 되어야 한다고 주장했다. 수많은 회의론자들의 주장에도 불구하고 그는 강해 설교가 한물간 시대에 온전히 강해 설교에 매달렸다. 그는 새로운 세대에게 연속적이며, 한 절 한 절을 설명하는 본문 설교를 소개했다.

휴즈 올리펀트 올드 교수는, 이 방식을 통해 로이드존스는 "아주 고

전적인 형식에 새로운 생명을 불어넣었다."⁴⁾고 주장한다. 그는 "영어권 세계 전체에" 강해 설교를 "회복하고 대중화할" 수 있었다.⁵⁾ 그는 "고전적 강해 설교가…거의 죽어있던"⁶⁾ 때에 성경적 강해의 회복에 시동을 걸었다. 지금 우리가 경험하고 있는 강해 설교의 회복은 여기서 시작되었다.

로이드존스는 시대의 트렌드와는 반대로, 당시에 흔히 볼 수 없던 흔들림 없는 태도로 성경 본문에 집중했다. 그는 "메시지는 항상 성경에서 직접 나와야 한다."⁷⁾고 주장했다. 다시 말해서 설교는 성경의 특정 본문에서 시작되어야 하고, 메시지를 전하는 동안 계속 거기에 머물러 있어야 한다는 것이다. 그는 "언제나 한 본문으로 시작하는 것이 좋다."⁸⁾고 주장했다.

설교는 설교자가 본문이 말해주기를 원하는 것이 아니라, 본문이 말하는 것을 말해야 한다. 설교자는 단순히 하나님이 영감을 주신 본문의 대변인이 되어야 한다. 그것이 전부이다. 로이드존스는 다음과 같이 주장했다.

"우리의 메시지가 성경으로부터 나온다는 사실을 사람들에게 명확하게 해야 한다. 우리는 성경과 성경의 메시지를 전한다. 그것이 우리의 메시지의 기원이다."⁹⁾ 간단히 말해서, 참된 설교는 "항상 반드시

---

4) Hughes Oliphant Old, *The Reading and Preaching of the Scriptures in the Worship of the Christian Church, Vol. 6: The Modern Age* (Grand Rapids, Mich.: Eerdmans, 2007), 946.

5) Ibid.

6) Ibid.

7) Lloyd-Jones, *Preaching and Preachers: 40th Anniversary Edition*, 201.

8) D. Martyn Lloyd-Jones, *Great Doctrines of the Bible* (Wheaton, Ill.: Crossway, 2003), 1.

9) Lloyd-Jones, *Preaching and Preachers*, 75.

강해 설교여야 한다."[10]

옛 형식에 새로운 생명을 불어넣다

로이드존스는 대체로 성경의 한 책이나 장 전체를 오랫동안 길게 시리즈로 진행하는 훈련된 설교 방식으로 유명하다. 그는 사역 기간 동안 연속 읽기(lectio continua) 방식, 즉 '연속 강해' 방식을 따랐다. 그는 이런 한 절 한 절 설교 방식을 통해 자신의 회중에게 균형 잡힌 양식을 공급한다고 생각했다.

이런 강력한 성경 중심의 설교 방식을 통하여, 로이드존스는 웨스트민스터 채플에서 30년 동안 목회하는 동안 4천 편 이상의 설교를 하였다.

1938년에서 1968년까지 그는 보통 주일에 2회, 아침에 한 번 그리고 저녁에 한 번의 설교를 하였다. 그리고 1952년부터는 금요일 저녁에도 설교를 시작했는데, 이것은 1968년 은퇴할 때까지 16년 동안 9월에서 5월까지 계속되었다. 그리고 주중에는 영국 시골 전역으로 설교 여행을 하였다. 이 여행에서 그는 가끔 여러 차례씩 설교를 하였다. 그 외에도 그는 잉글랜드와 웨일즈에서 열리는 많은 집회에서 설교를 하였다. 여기에 더하여, 영국에서 못지않게 유명해진 미국에서 열리는 여러 목회자 대회에서 이따금씩 설교 책임을 맡았다.

로이드존스는 설교를 할 때 한결같이 하나님의 말씀을 강해하는 데 집중했다. 이 원칙은 성경 자체에 대한 그의 근본적인 믿음에 근거한

---

10) Ibid.

것이었다. 그는 성경 스스로가 주장하는 것처럼 성경이 하나님의 영감을 받은, 최고의 권위를 지닌 말씀이라고 확신했다. 그는 성경의 말씀을 하나님이 말씀하시는 것이라고 믿었다. 따라서 그는 조금도 흔들림 없이 성경의 진리를 설교하기로 결단했다. 그는 성경의 초자연적 속성이 그로 하여금 강해 설교를 하지 않을 수 없게 한다고 믿었다.

좀 더 구체적으로, 로이드존스는 하나님의 말씀의 완전성에 대해 무엇이라 했을까? 이제부터는 이 두 가지 완전성, 즉 신적 영감과 성경의 지고한 권위에 대한 그의 이해를 집중적으로 살펴볼 것이다.

하나님의 영감으로 기록된 말씀

로이드존스는 "성경은 하나님에 의해 영감된 신적 산물이다."[11]라고 확고부동하게 주장했다. 성경의 인간 저자는 하나님의 말씀을 기록하기 위해 하나님에 의해 선택된 도구들이다. 이 사람들은 성경의 부차적인 저자요, 하나님의 손에 들린 도구일 뿐이다. 진정한 저자는 단 한 분, 하나님 자신밖에 없다. 성경은 "전능하신 하나님의 창조적 호흡에 의해 만들어졌다."[12]고 로이드존스는 주장했다. 성경 전체는 처음부터 끝까지 사람의 말이 아니라 하나님의 말씀이다.

로이드존스는 성경의 영감을 분명하게 믿었다. 그는 성경의 축자적 영감을 인정하였다. 따라서 그는 성경의 모든 단어는 오류가 없는 산

---

11) Lloyd-Jones, *Great Doctrines*, 24.
12) Ibid.

물이라고 주장하였다. 로이드존스가 성경의 신적 영감을 주장한 것은 그것이 하나님의 입에서 나온 호흡(말씀)이라는 것을 믿는다는 것이다. 그는 이렇게 말했다.

영감되었다는 것은 진정으로 '하나님께서 숨을 불어넣으셨다.'는 것을 의미한다. 하나님이 사람들 안에 그리고 그들을 통하여 이 메시지들을 불어넣으셨으며 따라서 성경은 신적 행위의 결과라는 의미이다. 우리는 성경이 전능하신 하나님의 창조적 호흡에 의해서 비롯되었음을 믿는다. 더 간단히 말하면, 성경에 있는 모든 것이 하나님에 의하여 사람들에게 주어진 것이라는 의미이다.[13]

로이드존스는 성경이 단순히 하나님으로부터 온 어떤 일반적인 생각이나 애매한 사상을 담고 있다고 생각하지 않았다. 그는 단순히 생각들이나 사상들만 영감된 것이 아니며, 영감 교리는 "실제적인 기록, 즉 특별한 단어에 이르기까지의 기록"[14]에도 적용된다고 주장했다. 이런 고백들과 더불어 그는 성경의 모든 단어의 완전 영감을 믿었다. 그는 이렇게 말했다.

"성경은 스스로 소위 축자적 영감을 주장한다. 그것은 단순히 생각들이나 사상들이 영감되었다는 것이 아니며 특별한 단어에 이르기까지 실제 기록도 영감되었다는 것이다. 진술들만 정확한 것이 아니라

---

13) Ibid.
14) Ibid.

하나하나의 단어가 신적으로 영감되었다는 것이다."[15]

이런 정밀성은 그가 성경 말씀을 하나님이 의도하신 대로 해석하고 연구하는 일과 확신있게 설교하는 일에 큰 영향을 주었다. 성경의 기록에 대해서 로이드존스는 이렇게 말했다.

"성령께서는 이처럼 구체적인 단어에 이르기까지, 어떤 오류도 방지하기 위해, 무엇보다도 하나님이 원래 의도하신 결과를 산출하도록 사람들을 지배하고 통제하고 인도하셨다."[16]

각 사람은 자신의 독특한 표현 방식을 가지고 자신의 어휘와 독특한 개성을 사용하여 맡은 부분의 성경을 기록하였다. 그럼에도 불구하고, 성경의 기록된 모든 말씀은 하나님의 절대적인 진리이다. 로이드존스는 깊은 확신을 가지고 성경의 말씀이 바로 하나님의 숨결이라고 주장했다. 따라서 성경은 어느 무엇과도 비교할 수 없는 하나님 자신의 정확성으로 말씀한다.

포기와 변절

로이드존스는 강해 설교를 버리는 주된 원인은 성경의 신적 영감에 대한 믿음을 포기하는 것이라고 생각했다. 그리고 이것은 교회의 능력과 영향력의 쇠락으로 이어진다고 믿었다. 그는 이렇게 주장했다.

"내가 보기에는 지상에 있는 하나님의 교회가 현재 상태에 처한 진짜 원인은, 성경이 완전 영감된 하나님의 말씀이라는 믿음과 진정한

---

15) Ibid., 24.
16) Ibid.

복음의 진리를 역설하고 강조하는 것에서 교회가 자발적으로 떠난 데 있다."[17]

로이드존스는 인간의 이성을 하나님의 계시보다 더 우월하게 높인 것이 오늘날 교회가 죽어가는 주된 원인이라고 보았다.

"인간 철학이 우리의 연구와 강단에서 계시의 자리를 차지하게 하는 순간부터 참으로 잘못되기 시작한다."[18]

그래서 교회는 더욱더 나빠졌다.

로이드존스는 사람들이 성경에 대한 불신이 팽배함에도 불구하고, 전통적인 습관에 따라 그저 교회에 출석한다고 보았다. 성경에 대한 태도 변화의 결과는 처음에는 잘 보이지 않는다. 사람들은 여전히 교회에 출석하며 종교 행위도 계속된다. 그러나 성경의 신적 영감에 대한 근본적인 믿음에서 떠난다는 것은 설교에서 하나님의 능력이 갑자기 사라짐을 의미한다. 로이드존스는 이렇게 관찰하였다.

"물론, 당분간은 사람들 상당수가 정확하게 어떤 일이 일어나고 있는지 깨닫지 못한 채 단순히 습관과 관습으로 계속 교회와 예배에 출석한다."[19]

하지만 교회가 말씀에 대한 확신에서 떠나면 하나님의 영광도 교회를 떠난다. 로이드존스는 이렇게 확신했다.

"우리는 교회가 하나님 말씀의 권위를 굳게 믿기를 포기하는 순간, 교회의 권위와 능력을 잃어버림을 분명히 압니다."[20]

---

17) D. Martyn Lloyd-Jones, "The Return to the Bible," *Eusebeia 7* (Spring 2007): 7.
18) Ibid.
19) Ibid.
20) Ibid.

교회의 믿음 포기는 반드시 모든 면에서 영적인 무능력으로 이어진다. 세상을 향한 교회의 증거 능력에서 특히 그러하다. 로이드존스는 성경의 권위를 훼손한 결과, 많은 교회가 복음전도 능력을 상실했다고 결론내렸다. 교회는 세상에 맞서서 그들의 죄를 지적하고 복음을 전파하기는커녕 세상과 같아지기를 선택했다. 성경의 능력이 제거되자 교회는 겉으로는 신앙을 가졌지만 실제로는 종교적인 사람들의 사교 클럽이 되었다.

로이드존스는 성경의 신적 영감에 대한 교회의 불신을 다루면서 이런 날카로운 지적을 했다.

> 성경이 하나님의 자기 계시요 인류의 유일한 구원의 길이 아니라 그저 하나님에 대한 인간의 탐구 역사라는 사상이 힘을 받기 시작하는 순간부터 교회는 능력과 영향력을 점차 상실하고 기울기 시작했다. 교회가 위대한 복음적 교리들을 던져버리고 그것을 인간의 도덕적, 영적 진화에 대한 믿음으로 대치하고, 개인 구원 대신 사회 복음을 설교하기 시작하는 그 순간부터 교회 출석은 참으로 단순한 형식이 되거나 의식과 듣기 좋은 미사여구로 꾸며진 웅변과 음악에 대한 개인의 입맛을 만족시키는 흥미거리가 되고 말았다.[21]

교회가 성경의 신적인 권위를 포기하면 거의 그 지점으로 다시 돌아오지 못한다. 하지만 로이드존스는 성경의 신적 영감이라는 이 견고한 반석 위에 흔들림 없이 서 있었다. 그는 자신을 하나님으로부터 온

---

21) Ibid., 8.

메시지를 위탁받은 메신저로 생각했다. 따라서 그의 사역은 하나님의 영감으로 기록된 말씀의 대변인에 불과했다.

성경의 권위에 굳게 서다

이처럼 하나님의 영감에 헌신한 로이드존스는 성경이 하나님 자신의 권위를 가지고 말한다고 믿었다. 그는 인간의 삶을 다스리는 성경의 절대적인 권위의 중요성을 강조했다.

"이 권위의 문제는 실로 성경의 중요한 주제이다. 성경은 우리에게 스스로를 권위 있는 책으로 제시한다."[22]

이것은 성경이 모든 일의 최고의 결정권자요 최후의 심판관으로 인정되어야 한다는 말이다. 성경보다 높은 상위 법원은 없다. 로이드존스는 이렇게 덧붙인다.

"성경의 권위는 그저 변호하거나 주장할 일이 아니다. … 성경의 진리와 권위를 진정으로 확립하는 것은 성경 설교와 강해이다."[23]

이런 주장을 통해, 그는 교회에서 하나님의 말씀보다 높은 권위는 없다고 강조하였다.

이 진리는 강단에 큰 영향을 주어야 마땅하다. 성경적 설교는 하나님의 권위와 함께 한다는 의미이다. 강단이 하나님의 말씀을 바로 강해하는 만큼 그 능력도 커진다.

---

22) D. Martyn Lloyd-Jones, *Authority* (1958; repr., Edinburgh, Scotland: Banner of Truth, 1984), 10.
23) Ibid., 41.

로이드존스는 "성경 자체가 그 권위를 주장한다."고 말했다. 그러면서 "성경은 하나님의 말씀으로 우리에게 다가온다. …구약을 읽으면, 반드시 모든 곳에서 이것이 하나님의 말씀이라는 전제가 있음을 느낄 수밖에 없다."[24]고 덧붙였다. 성경에 대해 의심을 제기하는 설교자는 하나님의 진실성을 부정하는 사람의 명단에 자신의 이름을 등록하는 것이다.

로이드존스에게는 성경의 지고한 권위는 부차적으로 중요한 문제가 아니었다. 오히려 그것은 기독교 신앙에서 첫째로 중요한 근본적인 문제였다. 교회가 믿고 강단이 선포하는 모든 것은 반드시 이 초석(모퉁잇돌)에 기초해야 한다. 성경 전체가 진리이며 권위가 있든지, 아니면 성경 전체가 완전히 거부되든지 해야 한다고 그는 생각했다. 로이드존스에게는 성경에 관한 한 중간 지대는 없었다. 그는 이렇게 말했다.

> 그러므로 우리 모두는 이런 궁극적이고 최종적인 질문 앞에 서야 한다. 우리는 성경을 하나님의 말씀으로, 신앙과 실천의 모든 문제에 있어서 유일한 권위로 받아들이는가? 나의 모든 생각은 성경의 다스림을 받고 있는가, 아니면 나의 이성을 가지고 성경의 일부를 끄집어내어, 나 자신과 현대의 지식을 궁극적인 기준과 권위로 들이밀면서 이것을 판단할 것인가?
>
> 이 문제는 분명하다. 나는 성경을 하나님이 주신 계시로 받아들일 것인가, 아니면 인간의 추측과 지식, 인간의 학문, 인간의 지혜와 추론을 의

---

24) Ibid., 50.

지할 것인가? 아니 더 간단히 말해서, 나의 신앙과 나의 모든 생각을 내가 성경에서 읽는 것에 굴복하게 할 것인가? 아니면 현대의 지식, 현대의 학문, 현대인들의 생각, 과거에는 알려지지 않았지만 현대에 새로 알려진 사실들을 따를 것인가? 우리는 이 두 입장 가운데 이것 아니면 저것을 반드시 선택할 수밖에 없다.[25]

로이드존스의 이 말을 가볍게 넘겨버려서는 안 된다. 그는 이 말을 통해 모든 설교자에게 도전을 하고 있다.

그리스도, 사도 그리고 성경의 권위

성경의 권위에 대한 로이드존스의 확신은 예수 그리스도께서 성경의 완전한 권위를 인정하셨다는 사실에 기초한다. 그는 모든 설교자는 이 문제에 대해 그리스도께서 취하셨던 입장을 취해야 하며, 그렇지 않으면 그리스도와 상반되며 그리스도에 대항하는 것이라고 생각했다. 로이드존스에게는 이것이 근본적으로 그리스도의 주님 되심에 복종하는 문제였다. 그는 이렇게 외쳤다.

"우리 주님은 성경의 절대 권위를 온전히 받아들이셨다. 주님은 얼마나 자주 '기록되었으되'라고 하시는가! 그리고 주님은 사람들에게 그것이 최종적인 권위라고 가르치신다. 그는 성경을 인용함으로써 사탄의 공격에 대응하셨다."[26]

---

25) Lloyd-Jones, *The Christian Soldier*, 211.
26) Lloyd-Jones, *Authority*, 51.

성경이 그리스도의 신뢰할 수 있는 증거에 기초한 절대적인 권위가 있는 것으로 받아들여질 때, 설교자는 강단에서 능력 있게 성경을 강해할 수 있다.

이 점에 있어서, 로이드존스는 그리스도께서 구약 성경의 최고 권위를 인정하셨다고 강조했다. 그는 정확한 통찰력으로, "예수 그리스도께는 구약 성경이 절대적이고 유일하며 구별된 하나님의 말씀이었다. 그것은 다른 어떤 무엇도 소유할 수 없는 권위를 가지고 있었다."[27]라고 지적했다.

이 말을 통해, 로이드존스는 구약 성경 전체의 신적 권위에 대한 그리스도의 확고한 입장을 확증했다. 그는 그리스도께서 구약의 정경들에 대해 가지셨던 것과 동일한 입장을 가져야 한다고 깨달았다. 만일 그렇지 않으면, 그리스도를 반대하는 입장에 서게 된다는 것을 알았다.

또한 로이드존스는 신약의 글들에도 동일한 권위를 인정했다. 이것은 사도들의 권위에 대한 인정에 근거했다. 그는 이렇게 말했다.

"사도들의 권위는 복음서와 서신서들, 사도행전, 실로 신약 전체의 권위를 뒷받침하는 기반이 된다. 그래서 우리는 그것을 받아들이거나 혹은 거부하거나 둘 중에 하나여야 한다. 그것은 유일하며 최종적인 권위인 것이다."[28]

여기서 신약이 구약과 동일한 권위를 가지는 것으로 확인된다. 성

---

27) D. Martyn Lloyd-Jones, *Studies in the Sermon on the Mount* (Grand Rapids, Mich.: Eerdmans, 1959), 187.
28) Lloyd-Jones, *Authority*, 55.

경은 모든 일에 있어서 최고의 말씀이라고 로이드존스는 주장했다. 성경은 인간의 모든 의견보다 앞서며 모든 문화 트렌드보다 우위에 있다. 간단히 말하면, 성경은 모든 일에 있어서 논박 불가능한 권위가 있다.

개혁자들과 성경의 권위

성경의 권위에 대한 이 확고한 입장은 전혀 새로운 것이 아니었다. 로이드존스는 이것이 진리를 위한 오래된 싸움이요, 수세기 전에 시작된 갈등이며, 오늘날에도 계속되고 있는 싸움임을 알았다. 성경을 지키기 위한 이 싸움은 모든 세대가 필히 지속적으로 참여해야 할 투쟁이다.

교회는 매시간 성경의 진리를 확고히 하는 일을 해야 한다. 이것을 위해, 16세기 종교개혁자들은 맹렬히 투쟁했다. 프로테스탄트 운동은 성경의 절대 권위에 반하는 모든 것으로부터 성경을 지키기 위한 운동이며, 마르틴 루터, 존 칼빈 등은 '솔라 스크립투라', 즉 '오직 성경'을 위해 싸웠다. 이 문제는 교회의 유일한 권위에 관한 싸움이었다. 이 뜨거운 논쟁에 대해 로이드존스는 이렇게 썼다.

"프로테스탄트 개혁자들은 성경이 인간에게 주시는 하나님의 진리의 계시를 담고 있을 뿐 아니라, 하나님이 성령으로 그것을 쓴 사람들을 통제하심으로 그 진리를 안전하게 보호하셨으며, 성경을 오류와 결점 그리고 그릇된 모든 것으로부터 지키셨다고 믿었다."[29]

---

29) Lloyd-Jones, *The Christian Soldier*, 211.

따라서 그는 "현재 우리는 프로테스탄트 종교개혁의 싸움을 다시 한 번 더 싸우고 있다."[30]고 생각했다. 성경을 위한 이 싸움은 웨스트민스터 채플 강단에서 신실하게 이루어졌다.

로이드존스는 이 싸움을 진리와 단순한 인간 전통 사이의 투쟁으로 이해했다. 이 싸움에서 그는 성경의 권위라는 고지를 빼앗기지 않으려고 완강하게 거부했다. 그는 이렇게 말했다.

> 그것은 이 책(성경)이거나 아니면 궁극적으로 로마 교회와 그 '전통'이다! 그것은 프로테스탄트 종교개혁에서 큰 문제였다. 그들이 들고 일어서서 의문을 제기하며 마침내 로마 교회를 정죄한 것은 그들이 성경에서 발견한 말씀 때문이었다. 루터 단 한 사람이 일어나서 12세기 동안 이어져 온 전통을 격파할 수 있었던 것은 오직 성경 말씀이었다. 그가 "나는 달리 아무 것도 할 수 없습니다."라고 한 것은 그가 성경에서 발견한 진리 때문이었다.[31]

루터와 종교개혁자들이 성경의 유일한 권위를 위하여 일어섰던 것처럼, 로이드존스도 기록된 하나님의 말씀을 위해 확고한 헌신의 태도를 취했다. 그렇게 함으로써, 그는 자기보다 앞서 간 신앙의 충성된 일꾼들의 반열에 들어갔다.

---

30) Ibid., 212.
31) Ibid., 212.

강해 설교는 명령이다

로이드존스는 성경의 신적 영감 및 권위와 강해 설교의 능력 사이에 존재하는 불가분의 관계를 꿰뚫어보았다. 이 두 가지는 분리될 수가 없다. 성경의 순결함과 권위가 성경적 설교를 명령한다. 성경은 그 자체가 주장하는 바대로, 하나님께서 영감을 주신 권위의 말씀이기 때문에 설교자는 반드시 성경을 설교해야 한다. 성경을 믿는다고 주장하는 사람이 말씀 이외의 것을 설교하면 그는 참으로 어리석은 자이다.

이것은 로이드존스가 이 문제를 어떻게 이해했는지를 정확하게 보여준다. 그는 설교자가 존재하는 것은 하나님이 성경을 통해 말씀하신 것을 선포하기 위해서이지 그 외에는 없다고 믿었다.

> 설교에 대한 참된 정의는, 설교자가 존재하는 것은 하나님이 그 백성들에게 주시는 메시지를 전하기 위함이라고 반드시 말해야 한다. 만일 당신이 바울의 말을 좋아한다면, 아마도 그가 '그리스도의 대사'라는 말일 것이다. 그것이 바로 설교자의 모습이다. 그는 보냄을 받았고, 위임을 받은 사람이며, 하나님과 그리스도의 대변인으로서 사람들에게 설교하도록 거기 있는 것이다.[32]

설교자가 하나님의 대변인이 되는 길은 오직 하나뿐이다. 그것은 그에게 맡겨진 기록된 말씀을 설교하는 것이다. 이것은 하나님에 대

---

32) Lloyd-Jones, *Preaching and Preachers*, 53.

한 그의 피할 수 없는 책임이며, 마지막 날에 더 엄한 심판을 받게 될 일이다.

성경에 빠져들다

말씀을 설교해야 하는 이 명령을 고려할 때, 로이드존스는 먼저 성경을 마스터한 사람이 되는 것이 필수적이었다. 그 결과, 그의 평생의 삶은 "성경에 빠져 있었다."[33] 그는 개인 성경 읽기 시간에 로버트 맥셰인의 매일 성경 읽기표를 사용하였다. 그는 매일 성경 네 장을 깊이 숙고하였는데, 두 장은 아침에 그리고 두 장은 저녁에 숙고하였다. 그를 잘 아는 사람들은 찰스 스펄전이 존 번연에게 붙였던 이름(걸어다니는 성경)과 같았다고 한다. 그들은 로이드존스가 "성경을 안팎으로 샅샅이 알았다!"[34]고 말했다.

로이드존스는 설교를 준비하는 데 있어서, 성경에 몰입하는 것보다 더 중요한 것은 없다고 믿었다. 그는 모든 설교자들에게 이렇게 도전했다.

> 성경을 체계적으로 읽으라. … 성경 전체를 읽는 것이 중요함을 아무리 강조해도 지나치지 않다. …설교할 본문을 찾기 위해 성경을 읽지 말고, 성경은 하나님께서 당신의 영혼을 위해 주신 양식이고, 하나님의 말

---

33) Christopher Catherwood, *Martyn Lloyd-Jones: A Family Portrait* (Grand Rapids, Mich.: Baker, 1994), 70.
34) Ibid.

씀이며, 또한 하나님을 알 수 있는 수단이기 때문에 읽으라. 성경이 생명의 양식이요, 영혼의 영양과 안녕을 위해 주신 만나이기 때문에 읽으라.[35]

로이드존스는 성경을 정기적으로 접함으로써 기록된 말씀 전체의 메시지를 통합적으로 파악할 수 있었다. 그는 각각의 본문을 파고들어 그 본문에서 가르치는 교리를 찾아냈다. 그는 이런 말을 했다.

"성경 공부는 그 자체로 끝나거나 말 그대로 성경 공부가 되면 거의 가치가 없다. 성경을 공부하는 목적은 그 교리에 도달하기 위한 것이다."[36]

이렇게 성경 본문을 주의깊게 연구한 것이 로이드존스가 신학적 강해자가 된 기본 바탕이었다.

로이드존스는 최고의 설교를 위해서 진지하게 성경 연구에 몰두했다. 이 탁월한 강해자는 자신의 탁월한 지능으로 성경이라는 풍성한 보고를 열심히 파고들었다. 대체로 그의 설교 준비의 깊이는 그의 사역의 넓이를 결정했다. 그가 성경의 풍성한 광맥을 깊이 파고들수록, 그의 강단은 더 풍요로워졌고 교회와 세상에 대한 그의 영향력은 넓어졌다. 부끄러울 것이 없는 일꾼답게, 로이드존스는 성경의 핵심적인 의미와 중요한 교리의 풍성함을 발견하기 위해 성경이라는 지하 동굴을 파고들었다.

로이드존스는 전도유망한 의학도였을 때에도, 이런 끈질긴 연구 방

---

35) Lloyd-Jones, *Preaching and Preachers*, 171-73.
36) Murray, *The Fight of Faith*, 261.

식에 두각을 나타냈었다. 그는 강도 높았던 의학 공부를 통해 성경 공부에 필요한 강한 훈련을 받았던 것이다. 이런 초기 단계의 의학 공부를 마친 후에는 일류 교육 병원인 성 바돌로뮤 병원의 스태프가 되어, 토머스 호더 경 아래에서 훈련을 받았다. 거기서 그의 지적 역량은 그의 멘토의 소크라테스식 방식으로 더욱더 다듬어졌다.[37]

"예리한 생각을 하는 사람"이었던 호더 경이 "예측한 대로"[38], 로이드존스는 이와 같은 연구 능력을 성경을 철저히 탐구하는 데 효과적으로 사용하였다.

로이드존스는 열심히 일하는 광부처럼, 각 본문을 탐사하여 결국은 거기에 담긴 신학적 황금과 교리적 보화를 캐냈다. 이 보화들을 꺼낸 다음에는 그것을 자신의 일상생활에 사용하였다. 그는 개인적인 독서를 통하여 자신의 영혼을 강하게 만들었다. 그는 이런 끊임없는 성경 연구를 함으로써 매주 계속되는 설교 준비에 깊이를 더했다. 그는 끊임없이 성경의 진리로 무장했고, 이것을 강단에서 설교했다.

성경을 선포하다

로이드존스가 살았던 시대는 회의주의가 점차 증가하고 있었지만, 자신은 단순히 성경을 방어하는 것이 아니라 선포하기 위해 부름받았다고 믿었다. 그는 변증가가 아니라 강해자였다. 누가 그의 메시지를

---

37) Catherwood, *A Family Portrait*, 30.
38) Christopher Catherwood, *Five Evangelical Leaders* (Wheaton, Ill.: Harold Shaw, 1985), 56.

믿든 믿지 않든 설교자로서 자신의 역할은 성경의 진리를 선포하는 것이었다. 바로 그 부분에서, 그는 하나님께 쓰임을 받았다.

> 나는 지금 이 순간, 가장 중요하고 가장 긴급한 의무는 성경을 방어하는 것이 아니요 성경에 대해 논증하는 것도 아니라고 믿는다. 나는 지금 우리가 성경을 선포하고, 성경에 담겨 있는 영원한 진리를 전파하기 위해 부름을 받았다고 믿는다.[39]

여기에 마틴 로이드존스의 천재성이 있다. 그는 분명하고 단순한 성경 설교자였다. 그의 확신은 성경의 순결성과 능력에 있었다. 그는 그것 때문에 성경을 쉬지 않고 설교했다. 그가 말씀에 강했기 때문에 그의 강단은 강했다.

로이드존스의 설교에 대해 다른 어떤 말을 할 수도 있겠지만 이것만은 분명하다. 그는 성경을 선포하는 발전소였다. 따라서 하나님의 말씀을 높이는 이 사람을 하나님께서도 당연히 높여주셨다.

---

[39] Lloyd-Jones, "The Return to the Bible," 10.

마틴 로이드존스는 20세기 기독교의 거인들 가운데 한 사람이었다. 오늘날 그를 구별되게 하는 것은 그의 글과 설교, 그리고 그의 메시지들이 그가 죽은 지 20년이 지난 지금도, 웨스트민스터 채플에서 그가 사역하고 있을 때보다 더 큰 영향력을 발휘하고 있다는 사실이다. 왜 그럴까? 내가 생각하기에 그 답은 간단하다. 성경 강해에 대한 그의 깊은 헌신과 그가 하나님의 말씀을 선포하고 가르친 위대한 설교 때문이다. 수많은 설교자들이 설교가 무엇인지 확신하지 못하고 있는 시대에, 우리는 그에게서 의심의 여지를 남기지 않는 사역자의 모습을 발견한다.[1]

― 앨버트 몰러 주니어

1] Endorsement for Lloyd-Jones, *The Cross*.

4장

철저하게 성경 본문에 입각한 설교

    1977년 10월 6일, 마틴 로이드존스는 런던 신학교 개교 연설을 하였다. 이 학교는 성경 강해자를 배출하려는 큰 관심 가운데 그의 영향 아래 설립되었다. 그는 죽을 때까지 이 학교의 이사회 창립 회장을 지내면서 이 학교의 비전을 정립하고 진로를 제시하는 데 결정적인 영향을 미쳤다.

    그는 개회사에서 자신의 마음을 솔직히 드러내면서 자신이 이 시대의 필요라고 믿는 바를 이렇게 말했다.

    "제일 중요한 필요는 설교자입니다. 하나님은 설교자들을 통하여 교회와 세상에서 그의 가장 위대한 일을 하셨습니다. 오늘날보다 더 설교자들을 필요로 하는 때는 없었습니다."[2]

    그는 이 필요를 위하여 자신의 전 생애를 바쳤다.

    로이드존스는 이 시대의 필요는 교사가 아니라 설교자라고 간파했다. 그는 교사는 "정보를 제공하고", "지식을 전달한다."고 지적하면

---

2) Martyn Lloyd-Jones, *Inaugural Address at the Opening of the London Theological Seminary* (London: London Theological Seminary, 1977), pp. 5–6.

서 이렇게 주장했다.

"오늘날 교사에 대한 중요성은 오랫동안 그래왔던 것보다는 덜합니다. 그 이유는 문화와 지식의 전반적 수준이 이전보다 높아졌기 때문입니다. 오늘날 교회의 구성원들은 물론 다른 사람들도 좋은 교육을 받았습니다."[3]

계속해서 그는 그런 말을 하는 근거를 제시하였다. 수많은 성경 번역본들, 넘쳐나는 주석들, 그리고 기독교 문헌의 증가 등은 오늘날 정보를 제공하는 교사를 덜 필요하게 한다. 사람들은 이것들을 스스로 책에서 찾을 수 있다. 그러므로 "가장 중요한 필요는 단순한 가르침이나 강의가 아닌 설교"[4]라고 그는 결론을 내렸다.

이 취임식 연설에서, 로이드존스는 "설교란 무엇입니까?"라고 묻고, "설교는 선포입니다. 성경의 위대한 메시지를 능력 있게 제시하는

---

[3] Ibid., 6.
[4] Ibid.

것입니다."⁵⁾라고 대답하였다. 그는 교회의 필요는 성경의 위대한 메시지를 위대한 능력으로 선포할 수 있는 설교자라고 주장하였다. 필요한 것은 더 많은 정보가 아니라 영감이라고 그는 강조했다.

"설교자의 주된 역할은 영감입니다. 그것은 단순히 정보를 나누어 주거나 성경책에 대해 강의를 하거나 교리에 대해 강의하는 것이 아닙니다. 사람들에게 어디서 이것을 읽을 수 있는지 말해주면 됩니다. … 설교자의 가장 큰 임무는 사람들을 감동시키는 것입니다."⁶⁾ 그러므로 "설교자가 할 일은 성경이 그들에게 살아 움직이게 하고, 설교자에게서 성경을 들을 때 그 내용으로 청중들을 전율하게 하는 것입니다."⁷⁾라고 했다. 그는 이것이 설교자의 본질적인 역할이라고 믿었다. 성경이 청중의 마음에 살아 움직이게 하는 것이다.

또한 로이드존스는 설교자는 사람들이 그리스도를 향해 움직여 나아가도록 만들 수 있는 설득자여야 한다고 주장했다. 간단히 말해서, 로이드존스는 교회에서 가장 중요한 필요는 더 많은 교사가 아니라(물론 교사의 필요성도 인정하지만) 설교자들이라고 생각했다. 이것은 지금도 마찬가지이다.

로이드존스의 불 같은 설교를 이해하기 위해서는 설교에 대한 그의 관점을 이해해야 한다. 그는 교회의 주된 일이, 디모데에게 유언으로 남긴 바울의 말처럼, "말씀을 전파하는 것"(딤후 4:2)이라고 믿었다.

교회에서 설교가 첫째가 되어야만 다른 일들이 모두 제자리에 올 수

---

5) Ibid.
6) Ibid.
7) Ibid.

있다. 그는 "교회와 기독교 사역자의 주된 임무는 하나님의 말씀을 전파하는 것"[8]이라고 분명히 밝혔다. 따라서 강단에서 성경적 설교의 우선성을 대체할 수 있는 것은 아무 것도 없다고 주장했다. 그리고 교회의 모든 것은 성경의 선포에 의하여 정의되고 인도된다고 믿었다.

로이드존스가 직면했던 수많은 도전에도 불구하고, 성경을 공적으로 강해하는 일은 웨일즈에서든 런던에서든 일관되게 그의 사역의 중심이었다. 강단은 그의 사역의 가장 중심적인 위치에 있었고, 하나님이 그의 영광을 위해 그를 사용하신 곳도 바로 그곳이었다. 그는 설교를 통해 그의 강해를 듣는 사람들에게 지울 수 없는 인상을 남겼다.

로이드존스는 '성경적 설교', '강해 설교', '진정한 설교' 등으로 불리는 설교는 인간이 헌신할 수 있는 가장 까다롭고 고상한 임무라고 믿었다. 한때 의사였던 그는 말씀을 설교하는 것이 가장 효과적으로 영혼을 치유한다는 것을 알았다.

"설교자란 누구인가?"라는 질문에, 로이드존스는 다음과 같이 명쾌하게 설명하였다.

> 첫째, 분명히 그는 연설가이다. 그는 책을 쓰는 사람이 아니며, 에세이 작가도 아니고 문학가도 아니다. 설교자는 일단 연설가이다. 그러므로 설교 지망생이 연설의 은사가 없다면, 다른 어떤 것을 가지고 있더라도 설교자가 되어서는 안 된다. 그는 위대한 신학자일 수도 있고, 사적인 충고와 상담을 하는 탁월한 사람일 수도 있고, 또 그 외에 더 많은 것을 소유하더라도, 설교의 정의상 연설의 은사가 없다면 그는 설교자가 될

---

[8] Lloyd-Jones, *Preaching and Preachers*, 19.

수 없다.[9]

로이드존스는 설교자에게 제일 먼저 그리고 가장 우선적으로 중요한 은사는 연설의 은사이며 이 은사로 성경의 진리를 선포해야 한다고 생각했다. 아무리 똑똑하고 신학에 능통할지라도 설교자는 하나님의 진리를 분명하고 설득력 있게 전할 수 있는 초자연적 은사를 받아야 한다.

설교의 중요성을 강조하기 위해 그는 예수 그리스도의 지상 사역을 소개했다.

"우리는 주님의 삶과 사역에서 설교와 가르침이 매우 중요했다는 암시를 분명히 엿볼 수 있습니다."[10]

로이드존스는 예수님의 공적 사역 중 가장 주된 사역을 설교라고 보았다. 예수님은 설교에 대한 이와 동일한 우선성을 그의 사도들에게 부여하셨으며, 이 사람들은 "오순절에 성령이 충만하여" 즉시 "설교하기 시작하였다."[11]고 로이드존스는 지적했다.

초대 교회에서는 다른 긴급한 일들도 나타났지만, 교회의 지도자들은 그 주된 소명에 집중하였다. 로이드존스는 사도행전 6장 4절에 나오는 베드로의 주장을 이렇게 풀어 설명하였다.

"우리는 이 말씀을 전하기(설교하기) 위해 여기에 있습니다. 이것이 가장 중요한 일입니다. '우리는 계속해서 기도와 말씀 사역에 전념할 것

---

9) Ibid., 111.
10) Ibid., 21.
11) Ibid., 22.

입니다.'"[12]

로이드존스는 이 말을 통해 기도와 함께 말씀을 전하는 일이 교회의 주된 임무임을 강조했다. 그는 이런 "우선순위는 단번에 영원히 제시된 것이며…따라서 우리는 그 어떤 것도 우리가 이 일을 하지 못하도록 방해하는 것을 허용해서는 안 된다."[13]고 호소했다. 그는 그의 시대에 말씀 전파의 우선성이 재확립되어야 한다고 믿었던 것이다.

로이드존스의 강해를 설명하면서 에릴 데이비스는 이 메시지를 다음과 같이 요약하였다.

그는 이 모든 설교와 연구들을 '강해'로 묘사하면서, 모든 설교는 강해가 되어야 마땅하다고 믿었다. 그의 이 말은 설교자는 우선 본문의 관련성을 밝힌 다음 그 문맥의 의미를 설명해야 한다는 뜻이다. 그러나 강해 설교는 그 이상이 되어야 하는데, 그것은 설교자가 교리를 열어서 적용해야 하기 때문이다. 그것이 그가 강해 설교에서 하려고 애썼던 것이다.[14]

로이드존스는 이렇게도 설명했다.

사실 모든 설교자는 세 유형의 설교자 중 하나에 속한다. 주로 복음을 설명하는 설교가 있다. 이것은 적어도 매주 한 번씩은 해야 한다. 교리

---

12) Ibid., 23.
13) Ibid.
14) Eryl Davies, *Dr. D. Martyn Lloyd-Jones* (Darlington, England: Evangelical, 2011), 88.

적 가르침이지만 주로 경험적인 내용들을 다루는 설교가 있다. 보통 나는 이것을 주일 아침에 했다. 그리고 보다 순수하게 교리를 다루는 유형의 설교가 있는데 나는 주로 주중 저녁에 했다.[15]

강해 설교의 다양성

로이드존스는 강해 설교를 하면서, 설교하는 시간에 따라 주일 아침과 주일 저녁, 금요일 저녁에 각기 다른 방식을 사용하였다. 웨스트민스터 채플에서 그가 사용한 다양한 방법은 다음과 같다.

경험적인 설교(Experiential Preaching)

로이드존스의 주일 아침 설교는 분명히 그의 말대로 경험적인 설교였다. 이 방법에서 그는 주로 신자들의 일상적인 삶을 돕기 위한 내용을 다루었다. 그에게 경험적이라는 말은 그리스도인들이 매일의 삶에서 그리스도를 추구하는 삶을 실천하도록 돕는 설교를 의미했다. 여기서 그의 초점은 성경의 진리를 그들의 일상적인 삶에 적용하도록 성경을 가르치는 데 있었다.

로이드존스의 유명한 주일 아침 강해 설교 시리즈는 60회에 걸친 산상수훈 연속 설교였다. 이 시리즈는 1950년 10월에 시작하여 1952년까지 이어졌다. 다른 주일 아침 설교 시리즈로는 13회에 걸친 요한복음 17장 설교(1952년)와 11회에 걸친 시편 73편 설교(1953년), 21회에 걸친 영적 침체에 대한 설교(1954년)가 있다.

---

[15] Lloyd-Jones, *Preaching and Preachers*, 63.

가장 길었던 주일 아침 설교 시리즈는 에베소서를 절별로 설교한 것으로, 260회에 걸친 설교였다(1954년 10월에서 1962년 7월까지). 에베소서를 강해하던 중에, 로이드존스는 일시 중단하고 26회에 걸쳐 부흥을 주제로 설교하였다(1959년). 에베소서 설교 시리즈 후에는 골로새서를 짧게 14회에 걸쳐 설교하였다(1962년). 마지막 주일 아침 설교 시리즈는 요한복음으로, 첫 네 장을 그가 은퇴할 때까지 설교하였다(1962년에서 1968년까지).

회중의 다양성을 고려할 때, 로이드존스가 하나의 메시지로 청중 전체를 다루는 것은 늘 큰 도전이었다. 그는 하나의 설교로 각 사람을 개인적으로 다루어야 한다고 생각했다. 그리고 오직 성경 강해만이 각 사람의 필요를 정확하게 다룰 수 있다고 믿었다. 로이드존스는 설교는 설교 비평가들을 위한 것이 아니라 실제적 필요를 가진 일반인들에게 하는 것이라고 믿었다.

> 당신이 하는 일은 처음부터 끝까지 모든 부류의 사람들을 위한 것임을 철저하게 기억해야 한다. 당신은 교수들이나 전문가들로 이루어진 회중을 위한 설교를 준비하고 있는 것이 아니다. 여러 부류의 사람들이 섞여 있는, 그런 회중들을 위한 설교를 준비하고 있는 것이다. 그러므로 그 회중 속에 있는 모든 사람들을 돕는 것이 당신과 나의 임무이다. 그것을 하지 못하면 우리는 실패한 것이다. 그러므로 지나치게 학문적이며 이론적인 접근은 피해야 한다. 실제적이어야 한다. 사람들을 기억하라. 당신은 그들에게 설교하고 있다.[16]

---

16) Ibid., 223.

로이드존스의 설교를 듣다 보면, 마치 그와 단 둘이 한 방에 앉아 얼굴을 마주보며 당신에게 말하고 있는 것 같은 기분이 들 것이다. 그는 경험적인 설교는 성경의 본문을 열어서 그것을 청중 앞에 드러내는 것이라고 여겼다. 그러면 듣는 각 청중의 삶이 말씀의 성화 능력에 의하여 변화된다.

복음 설교(Evangelistic Preaching)

주일 저녁에는 복음 설교를 했다. 이 설교는 회심하지 않은 사람들을 향한 것이었다. 그는 매 주 한 번씩은 복음 설교를 하기로 결심했다. 그는 이런 설교를 위해서 구약과 신약을 모두 사용했고, 이를 통해 잃어버린 영혼들이 그리스도를 믿는 믿음 안으로 들어오도록 권면했다.

그의 복음 전도 방법은 전에 의사로 일할 때의 방식과 비슷했다. 그는 환자의 증상을 진단하고, 그 원인을 찾고, 그 다음에 치료책을 처방했다. 강단에서도 그는 이와 같이 했다. 먼저 청중의 죄악에 빠진 상태를 진단했다. 그 다음 원인, 즉 부패한 마음을 가진 죄로 물든 본성을 보여주었다. 마지막으로 유일한 치료책인 복음을 제시했다.

로이드존스는 복음 설교의 필요성에 대해, 항상 회중 가운데는 종교 생활은 하지만 회심하지 않은 사람들이 있다고 믿었다. 그는 이렇게 말했다.

"이 문제에 있어서 강단이 직면하는 주된 위험은, 자신을 그리스도인이라고 생각하고 주장하는 교인들은 자신을 당연히 그리스도인이라고 착각한다는 것이다. 내가 보기에, 이것은 실수 중의 가장 치명적인 실수이다."[17]

그는 설교자로서 항상 전도자의 일을 해야만 했다. 성경은 알곡 가운데 가라지가 늘 있을 것이라고 가르친다(마 13:24-30). 이것은 로이존스가 구원받지 못한 교인이었을 때 자신이 직접 경험한 것이었다. 교회 사역자들은 자신이 아직 회심하지 않았는데도 회심했다고 생각했다. 그래서 로이드존스는 자신의 강단 사역에서는 이런 잘못을 되풀이하지 않기로 결심하였다.

로이드존스 설교의 복음적 기조는 그의 설교를 듣는 사람들이 분명하게 증거하였다. 제임스 패커는 이런 말을 했다.

"그의 복음 설교야말로…그의 강단 소통의 열정을 독특하게 만드는 요소였다. 그는 모든 에너지를 설교에 쏟아 부었다. 그에게 넘치는 단순한 인간적 열정만 쏟는 것이 아니라, 하나님이 주신 생동력…기름부음이라고 하는…성령의 기름부음이 설교자에게 임했다."[18]

아내인 베단도 이에 동의하면서, "남편이 무엇보다도 기도의 사람이고 그 다음에는 전도자라는 사실을 깨닫기 전에는 아무도 제 남편을 이해할 수 없을 것입니다."[19]라고 말했다. 그럼에도 불구하고 그는 현대의 전도 기법에 항복하여 강단 초청을 한 번도 한 적이 없다.

주일 저녁 설교 때, 그는 성경의 장이나 핵심 주제들을 연속으로 설교하였다. 그는 이사야서 35장을 6회에 걸쳐 설교하였고(1946년), 그

---

17) Ibid., 146.
18) Charles Turner, ed., *Chosen Vessels: Portraits of Ten Outstanding Christian Men* (Ann Arbor, Mich.: Vine, 1985), 118.
19) D. Martyn Lloyd-Jones, *Old Testament Evangelistic Sermons* (Edinburgh, Scotland: Banner of Truth, 1995), vii.

다음에는 이사야서 40장을 본문으로 9회(1954년), 시편 107편을 7회(1955년)에 걸쳐 복음 설교를 하였다. 그리고 권위라는 주제에 대하여 3회(1957년)에 걸쳐 설교하였다. 그리고 갈라디아서 6장 14절을 본문으로 십자가에 대해 9회(1963년), 시편 1편을 4회(1963년), 이사야서 1장을 9회(1963년), 이사야서 5장을 7회(1964년)에 걸쳐 설교하였다. 그 후에는 1964년에서 65년 사이에 기쁨에 대해 24회에 걸쳐 설교하였다. 그의 마지막 주일 저녁 설교 시리즈는 사도행전 1-8장을 110회에 걸쳐 설교한 것이었다(1965-68년).

교리적 설교(Instructional Preaching)

금요일 저녁에는 보다 교리적인 설교를 하였다. 웨스트민스터 사역 초기 금요일 저녁에 기독교의 바른 교리를 가르치는 데 초점을 둔 성경 공부를 하였다. 이 설교는 성경을 깊이 살피게 하는 설교였다. 최초의 금요일 저녁 설교 시리즈는 성경의 위대한 교리들이었다(81회의 설교, 1952-55년). 이런 메시지는 건조한 강의가 되기보다는 다이내믹한 요소를 모두 지닌 설교였다. 이 시리즈 다음에는 로마서에 대한 그의 권위 있는 강해 설교가 이어졌다(372회, 1957-68년). 이 설교는 그가 웨스트민스터 강단을 은퇴함으로써 로마서 14장 17절에서 끝났다.

설교와 가르침

설교의 초점이 경험적이든, 복음적이든, 교리적이든 상관없이 로이드존스는 자신의 설교 시리즈에 최선을 다했다. 이런 접근 방식들을 비교하면서, 커트 대니얼은 로이드존스의 설교를 이렇게 설명하였다.

로이드존스는 설교와 가르침을 구별하였다. 캠벨 몰간은 자신은 설교자가 아니라 교사라고 말하곤 하였지만, 반면에 로이드존스는 설교자이지 교사는 아니었다. 그 차이는 내용이나 접근법에 있는 것이 아니라 그 목적에 있다. 가르침은 교육한다. 설교는 선포하고 변화시키는 은혜를 제공한다. 설교에는 강해를 통해 얻게 된 교리와 적용이 포함된다. 그러나 대부분의 설교에는 중간 단계가 없다고 그는 주장했다. 그것은 경험적 또는 실존적 단계로, 이때는 성령께서 초자연적으로 메시지에(성경에 부합하는 만큼) 능력을 주시고 오직 성령만이 할 수 있는 일을 행하신다. 양심이 찔림을 받고 마음이 열리며, 은혜가 부어지고 영혼이 믿음으로 그리스도께로 이끄심을 받아 하나님이 영광을 받으신다.[20]

휴즈 올리펀트 올드도 이와 같이 비교하였다. 그는 로이드존스의 설교를 신자들을 대상으로 한 것과 불신자들을 대상으로 한 것으로 구별한다.

주일 아침에, 그가 하는 설교는 아주 분명한 강해 설교였지만, 주일 저녁에 하는 설교에서는 복음적인 설교에 집중했다. 그가 더 원숙해진 제2차 세계대전 이후에는 당시 최고의 복음전도자 중 한 사람으로 여겨졌다. 물론 그는 강해 설교자로 더 유명했다. 사실 그는 이 두 장르의 설교

---

20) Curt Daniel, *The History and Theology of Calvinism* (Springfield, Ill.: Reformed Bible Church), 162.

가 얼마나 잘 결합될 수 있는지를 보여주는 아름다운 예이다.[21]

많은 사람들은 이 세 가지 접근법을 통해, 로이드존스가 20세기에 가장 영향력 있는 강해 설교자가 되었다고 말한다. 로이드존스는 설교를 어려운 일로 보았다. 그래서 의미 있고 변화를 일으키는 설교를 하기 위해서는 많은 노력을 해야 한다고 생각했다. 그는 이렇게 지적했다.

설교 준비는 땀과 수고가 있어야 한다. 성경을 찾아서 이 특별한 형식으로 만들어내는 일을 하는 것이 때로는 극히 어려울 수도 있다. 이것은 마치 토기장이가 진흙으로 멋진 것을 만들어내는 것이나, 대장장이가 말발굽을 만드는 것과 같다. 그래서 계속 재료를 화덕에 집어넣고 또 모루 위에 올려놓고 망치로 치고 또 쳐야 한다. 그럴 때마다 조금씩 좋아지지만 완전해지지는 않는다. 그러므로 다시 집어넣고 다듬기를 반복해서 마침내 만족스럽게 되거나 더 이상 좋게 할 수 없게 되어야 한다. 이것이 설교 준비에서 가장 힘든 부분이다. 그러나 동시에 가장 매력적이고 가장 영광스러운 일이다.[22]

말씀 선포를 위한 로이드존스의 쉼 없는 노력은 그를 본받으려는 수없이 많은 사람들에게 기준이 되었다. 그의 설교 스타일은 직설적으로, 여흥이나 변죽을 울리는 일이 없었다. 그의 설교는 구조가 분명하

---

21) Old, *The Reading and Preaching of the Scriptures*, 938.
22) Lloyd-Jones, *Preaching and Preachers*, 80.

고 논리적이며 일관성 있고 성경적이며 교리적이고 불같으며 긴급하고 선포적이며 논쟁적이었다. 피터 루이스는 로이드존스의 설교를 다음과 같이 설명했다.

> 아주 조용히 시작되었다. 신자들을 대상으로 할 경우에는 곧장 본문으로 들어가 주제를 설교자와 회중에게 소개하였고, 불신자들을 대상으로 할 경우에는 혼란과 실망에 빠져 있는 그들 주변의 현재 상황을 쉽고 편안하게 말하였다. 그러나 몇 분 이내에 극적인 반전도 없이 목소리가 강렬해지고 말이 빨라지고 몸에 힘이 들어가 거의 떨 정도까지 되어 연사의 불같은 열정의 도구가 되었다. 그리고 자신이 알기도 전에 지속적인 동작과 설교 전체의 흐름에 빠져들었다. 그것은 그가 좋아하는 이야기로 말하면, 변증자가 증거의 박스에 개인적 간증을 더하기 위해 논박이 불가능한 논증을 하는 것이었다. 그는 하나님의 아들 예수 그리스도에 관한 이 복음의 '무한함과 광대함'을 본 사람이며, 또 복음에는 사람들을 영원하신 하나님께로 들어올릴 능력이 있음을 안 사람이다.[23]

늘 성경 본문을 강론하다

로이드존스는 자신의 사역의 핵심은 성경을 전파하는 소명이라고 이해했다. 다시 말해서 그는 하나님으로부터 강해자가 되라는 명령을 받았다고 믿었다. 그는 성경을 열어서 본문의 대변인이 되는 것이 그의 의무라고 여겼다. 그는 "설교에서 메시지는 반드시 성경에서 직접

---

[23] Lewis, "The Doctor as a Preacher," 76–77.

나와야 한다."[24]고 말했다. 나아가 그는 "여러분은 항상 강해자가 되어야 한다. 항상 강해."[25]라고 충고했다. 그의 설교를 분석하려면 반드시 성경 자체에 대한 흔들림 없는 헌신에서 시작해야 한다.

로이드존스는 진정한 설교는 반드시 항상 성경적 설교여야 한다고 확신했다. 그는 "설교는 항상 강해여야 한다. 설교에서 주제나 교리는 본문과 그 컨텍스트에서 나오는 것이다. …설교는 주제에서 시작해서는 안 된다. 설교는 반드시 성경에서 시작해야 한다."[26]고 말했다. 이 주제에 대해서 그는 이렇게 계속 말했다.

> 설교를 준비할 때는 반드시 당신이 선택한 본문이나 한 구절을 강해하는 데서 시작해야 한다. …당신은 강해를 해야 한다. 어느 경우든 나의 주장은 우리가 말하는 것이 성경에서 나온 것임이 사람들에게 분명해야 한다는 것이다. 우리는 성경과 그 메시지를 제시하는 것이다. …우리가 말하는 것은 성경에서 나오는 것이며 항상 거기서 나온다. 그것이 우리의 메시지의 근원이다.[27]

강해 설교에 충실한 이런 모습은 당시 영국 대부분의 강단에서 전혀 볼 수 없는 낯선 것이었다. 이안 머리는 "1950년대에, 로이스존스가 의미하는 '강해 설교'를 하는 사람은 사실상 로이드존스 혼자였다."[28]

---

24) Lloyd-Jones, *Preaching and Preachers*, 187.
25) Ibid., 196.
26) Ibid., 71-72.
27) Ibid., 75.
28) Murray, *The Life of Martyn Lloyd-Jones*, 307.

고 평한다. 로이드존스는 강해 설교란 단순히 성경을 계속 주석하는 것이나 단어 연구를 하는 것이나 본문의 문법적 구조를 설명하는 것이 아니라고 믿었다. 오히려 본문의 바른 원리와 교리를 제시해야만 한다고 여겼다.

참된 설교는 성경을 설교하는 것이다. 그런 설교는 성경의 본문에서 교훈을 추출하고 적용한다. "그런 설교는 본문을 제시하고 끝까지 그 본문에서 연역하고 논증하며 호소하여 메시지 전체가 성경 자체의 권위를 갖게 된다."[29]고 이안 머리는 논했다. 간단히 말해서, 설교자는 성경 본문에서 하나님이 의도하신 의미를 신실하게 파헤쳐야 한다.

진리와 불의 연합

로이드존스에게는 이안 머리가 말한 "진리와 불의 연합"[30]이 있었다. 로이드존스는 그의 설교에 독특한 빛과 열기의 두 요소를 결합하고 있었다. 불이 있는 곳에는 빛과 열이 있다. 이 두 요소는 분리가 불가능하다. 그의 불같은 설교에는 진리의 빛과 열정의 열기가 모두 있었다.

이에 대해서, 머리는 로이드존스를 스코틀랜드 종교개혁 때의 불같은 설교자 존 녹스와 비교했다. 그는 "존 녹스와 그의 후계자들에게 '혀와 활기찬 목소리'는 하나님께서 잃어버린 인류를 회복시키기 위해

---

29) Ibid.
30) Ibid, 777.

약속하신 능력을 주시는 주된 수단이었다."[31]고 썼다. 로이드존스에 대해서도 이와 같이 말할 수 있다. 설교는 그의 사역에서 가장 주가 되는 사역이었다. 하나님은 설교를 통해 그의 나라를 세우셨고, 설교로 그의 나라가 발전하며 가장 잘 작동한다고 믿었다.

인생 제일의 목적은 하나님의 영광을 추구하는 것이다. 이것이 로이드존스가 평생 동안 매진했던 것이다. 이안 머리는 "부흥을 위한 그의 기도는, 당연히 성령의 위대한 역사는 어느 것이든 '하늘에서 내리신 거룩한 영'으로 설교하는 사람들의 헌신과 연합되어 있다는 깊은 확신과 연결되어 있다."[32]고 지적했다.

로이드존스의 사역에서 설교는 하나님께 영광 돌리려는 목적과 함께 항상 첫째였다. 아무쪼록 오늘날 세상의 모든 교회에서 강단 사역의 중요성이 회복되어 비할 데 없는 하나님의 영광이 찬란하게 드러나게 되기를 바란다.

---

31) Ibid.
32) Ibid.

"우리의 메시지가 성경으로부터 나온다는 사실을
사람들에게 명확하게 해야 한다.
우리는 성경과 성경의 메시지를 전한다.
그것이 우리의 메시지의 기원이다."

마틴 로이드존스 박사의 죽음으로, 약 30년 동안 영국에서 가장 강력하고 설득력 있었던 복음의 대변인이 이제 잠들게 되었다. 그는 주로 성경 강해자로 기억될 것이다. 그의 전성기였던 50년대와 60년대 버킹엄 게이트의 웨스트민스터 채플에서는, 2,000명의 회중이 한 시간에서 한 시간 15분 동안 넋을 잃었다. 그는 과학적으로 훈련된 지성의 분석 능력과 웨일즈 사람의 열정을 겸비한 사람이었다.[1]

– 존 스토트

---

1) Catherwood, *Chosen by God*, 206.

5장

주의깊은 연구가 있는 설교

    마치 최고의 장인이 자신의 일에 정통한 것처럼, 마틴 로이드존스는 강의와 설교 사이의 차이를 깨달음으로써 강해 설교를 하는 데 필요한 모든 것을 이해하고 있었다. 강의는 강사가 학생들에게 정보를 전달할 의도로 교실에서 교육적인 말을 하는 것이다.

    로이드존스는 강의를 의도된 어떤 감정적 충격 없이 순전히 지적인 차원에서 하는 것으로 이해했다. 따라서 의지에 대한 도전도 없고, 단지 상세한 내용들을 인지적으로 전달하는 기능만 한다고 생각했다.

    반면에, 설교는 강의와 전혀 다르다고 생각했다. "설교는 신학을 강의하는 것이 아니다."[2]라고 주장했다. 설교는 일차원적인 강의와는 전혀 다른 것이다. 물론 강의도 유익할 수 있지만, 신성한 장소가 아닌 그저 강의실에 속한 것이다.

    로이드존스는 "설교자가 해야 할 일은 복음을 학문적으로 제시하는 것이 아니다."[3]라고 주장했다. 오히려 설교는 "하나님의 말씀을 전인

---

2) Martyn Lloyd-Jones, *Preaching and Preachers*, 65.
3) Ibid., 68.

격적으로 제시하는 것이다."[4] 다시 말해서, 설교는 인간의 지, 정, 의 전체를 다루어야 한다. 강의는 오로지 듣는 사람의 지성만 가르치는 반면, 설교는 한 걸음 더 나아가 정서를 자극하고 의지에 도전해야 한다.

로이드존스는 바울 서신들이 두 부분으로 나누어져 있다고 지적하였다. 바울 사도는 교리적 부분으로 시작한다. 그 다음에는 "그러므로"에 이르러 그때까지 가르친 신학을 적용하기 시작한다. "그는 그것들을 근거로 하여 어떻게 살아야 하는지 추론한다."[5]고 로이드존스는 설명한다. "전반부는…교리이고, 후반부는 실제 혹은 적용이다."[6]

이를 근거로 로이드존스는 강해자가 설교에서 교리와 실제, 양자를 통합할 것을 강조한다. 바른 교리의 가르침과 적용이 모두 있어야 하는 것이다. 이 두 가지 강조가 설교를 강의와 구별되게 한다. 강의는

---

4) Ibid.
5) Ibid., 69.
6) Ibid.

단지 가르치기만 하지만, 설교는 권면과 함께 가르침과 적용을 포함한다. 강의를 설교와 대조하면서, 로이드존스는 이렇게 말했다.

> 나는 설교하는 것을 강의하는 것과 혼동해서는 안 된다고 주장한다. … 강의는 어떤 주제로 시작해서 이 특정 주제에 관한 지식과 정보를 제공하는 것이다. 여기서 호소하는 것은 주로 그리고 거의 전적으로 지성을 대상으로 한다. 그 목적은 가르치고 사실을 진술하는 것이다.[7]

로이드존스는 강의에는 "설교에서 중요한, 청중에게 뭔가를 하려는 관심, 공격적 요소가 없다."[8]고 지적한다. 하지만 설교는 진리를 느끼고 행동으로 옮기게 하기 위해서 청중들에게 깊은 인상을 남겨야 한다고 로이드존스는 설명한다.

로이드존스는 설교에서 정적인 부분, 즉 감정적 자극의 중요성을 강조했다. 이 요소는 고도로 인지적인 사고를 하던 개혁주의 설교자들에게는 결여된 경우가 종종 있었던 것이라고 고백했다. 그는 이렇게 말했다.

"우리는 균형을 잃어버리고 지나치게 지적으로 되어 느낌과 감정의 요소를 거의 무시하는 경향이 있다."[9] 그는 개혁주의자들이 "느낌을 무시하는 경향이 있다."고 주장했다. 그들은 감정적인 사람들을 "이해력이 없는" 사람들로 무시했다. 그러나 이 영광스러운 진리를 묵상하

---

7) Ibid.
8) Ibid., 71.
9) Ibid., 93.

고도 감동을 받지 않는다면 그 사람에게 "뭔가 결함이 있다."[10]고 그는 결론지었다.

로이드존스는 청중의 의지를 개인적인 거룩의 길로 이끌어 가야 한다고 믿었다. 설교를 할 때, 설교자는 따라야 할 단계들을 제시하고 처방된 하나님의 뜻을 따르라고 촉구해야 한다. 설교는 그 자체가 목적이 아니고 훨씬 더 큰 목적을 위한 수단이다. 회중은 하나님의 말씀을 살아내는 순종이라는 결단의 발걸음을 내디뎌야 한다. 설교는 청중에게 뭔가를 하게 하려는 것이라고 로이드존스는 이해했다. 그는 이렇게 말했다.

"그(설교자)가 거기 있는 것은 그들에게 그저 몇마디 말을 건네기 위해서 있는 것이 아니며, 청중을 단순히 즐겁게 해주려고 있는 것도 아니다. 그가 거기 있는 것은(나는 이것을 강조하고 싶다.) 그 사람들에게 뭔가를 하도록 하기 위한 것이다. 그가 거기 있는 것은 여러 결과들을 만들어 내기 위한 것으로, 그는 사람들에게 영향을 주기 위해 거기에 있다."[11]

그러므로 설교는 청중들의 삶에 변화를 일으키는 요소를 반드시 추구해야 한다고 그는 주장했다.

"설교자가 거기 있는 것은 전인을 다루기 위해서이다. 따라서 그의 설교는 삶의 가장 중심에서 전인격에게 영향을 미쳐야 한다."[12]고 로이드존스는 설명했다. 이것이 바로 강해자가 반드시 실천해야 할 설

---

10) Ibid., 93-94.
11) Ibid., 53.
12) Ibid.

교이다.

자 이제, 강해 설교를 하기 위해서 로이드존스가 따랐던 기본적인 단계에 주목하고자 한다.

성경 본문을 추출한다

로이드존스는 설교는 언제나 특정 성경 본문을 강론하는 것이어야 한다고 믿었다. 그는 이렇게 말했다.

"당신이 설교를 준비하기 시작할 때는 반드시 당신이 택한 본문이나 해당 구절에 대한 강론으로 시작해야 한다. 이것은 필수적이고 중요하다. 전에 말했던 것처럼, 모든 설교는 강해여야만 한다."[13]

결과적으로, 설교자는 어떤 개념에서 시작하여 그것을 자세히 설명하는 것이 되어서는 안 된다. "설교를 당신 자신의 어떤 생각에서 시작해서는 안 된다. 비록 그것이 바른 생각, 좋은 생각이어도 그렇다. 그것으로 시작하여 그것에 대한 강의를 풀어내서는 안 된다."[14]

설교자는 "성경에서 시작해서"[15] 그의 메시지가 "그 본문에서 나오도록"[16] 해야 한다.

이 점을 직시하면서, 로이드존스는 설교가 반드시 강해여야 한다고 새사 강조하였다. 그는 설교자가 말하는 것은 성경 본문에서 나와야 한다고 주장하였다.

---

13) Ibid., 75.
14) Ibid.
15) Ibid., 72
16) Ibid., 71

당신은 강해를 해야 한다. 어떤 경우든 나의 모든 논리가 (내가 말하고 있는 것이) 성경에서 나온 것임을 사람들에게 분명해야 한다는 것이다. 우리는 성경과 그 메시지를 소개하고 있다. 그래서 나는 강단 성경을 가지기를 좋아하는 사람들 가운데 하나이다. 강단 성경은 항상 거기에 있어야 하고 항상 펼쳐져 있어서 설교자가 그것을 바탕으로 설교하고 있다는 사실을 강조해야 한다.[17]

이것이 모든 설교 준비의 출발점이다. 강해자는 반드시 성경의 본문으로 시작한다.

설교 개요를 작성한다

설교 준비 과정의 다음 단계는 설교의 개요를 만드는 것이다. 로이드존스는 개요를 본문에서 관찰한 것을 정리하는 것으로 보았다. 성경 자체는 분명하게 한 논리적 형식을 제시하고 있어서 설교자는 그 핵심 메시지를 제시할 수 있다.

로이드존스는 사도행전에 나오는 설교를 설교 구조의 필요성에 대한 예로 사용하였다. 여기에 있는 메시지는 분명한 형식을 고수하고 있다. 사도들의 설교는 전형적으로 사고의 논리적 흐름을 따르고 있다. 그는 이렇게 말했다.

사도행전 7장을 읽으면 반드시 그 유명한 연설의 형식과 골격과 구조에

---

[17] Ibid., 75.

감명을 받게 된다. 사도행전 13장에 기록된 비시디아 안디옥에서 한 바울의 연설은 정확하게 이와 같은 것이다. 그는 어떤 계획에 따라, 다른 말로 하면 일종의 골격 혹은 개요를 가지고 말을 한다.[18]

로이드존스는 설교를 인간의 몸에 비유하면서, 설교의 개요는 메시지의 형태와 구조를 제공하는 골격과 같다고 하였다. 강해자는 반드시 개요를 본문에서 나오도록 해야 한다. 개요는 설교자가 본문이 말하지 않은 것을 제시하지 않도록 지켜준다. 로이드존스는 이렇게 주장했다.

이런 골격에 옷을 입혀야 한다. 골격에 살이 있어야 하는 것이다. …건물을 지을 때 비계는 필수적이다. 그러나 완성된 건물을 볼 때는 비계가 보이지 않는다. 건물만 보인다. 구조가 있지만 덮혀 있다. 이것은 다만 원하는 건물이 되도록 도와주는 것이다. 이와 정확하게 같은 것이 인간의 몸이다. 구조, 골격이 있지만 살로 옷을 입혀야 비로소 몸이 된다. 이것은 설교에서도 마찬가지이다.[19]

이 유비에서, 로이드존스는 설교 개요를 골격으로 보고 교리를 뼈 위에 있는 근육으로 보았다. 나아가 그는 개인의 피부를 적용과 같은 것으로 보았다. 보이는 것은 대부분 뼈와 근육 표면에 있는 것이다. 피부는 청중이 진리를 어떻게 살아내야 하는가를 보여준다. 잘 조화

---

18) Ibid., 74.
19) Ibid., 216–17.

된 인간의 몸은 아름답고 균형이 있다. 설교도 이와 같아야 한다.

로이드존스는 다른 유비를 사용하여 설명하기도 하였다. 그는 설교를 심포니에 비유하였다. 개요의 각 제목은 심포니의 주요 악장으로 그려진다. 그는 이렇게 설명했다.

> 설교는 마치 음악의 심포니에 형식이 있는 것처럼 형식을 갖추어야만 한다. 심포니는 여러 악장과 형식을 취하는 성격이 있다. 이 구분들은 명확하여 알 수 있고 설명이 가능하다. 하지만 심포니는 하나의 전체이다. …설교는 하나님의 건축물, 즉 심포니에 비교할 수 있는 작품이라고 생각해야 한다. 다시 말해서 단순히 여러 구절들을 오락가락하는 것이 아니며, 그저 탁월하고 진실한 말을 모아놓은 것도 아니다. …설교를 설교 되게 하는 것은 다른 모든 것들과 구별되게 만드는 특별한 '형식'이다.[20]

로이드존스는 설교의 부분들이 무질서하게 배치되어서는 안 된다고 하였다. 이와 반대로, 논리적 순서에 따라 배치되어 본문이 가르치는 특별한 교리를 잘 드러내야 한다. 그러므로 설교자는 첫째 제목이 매끈하게 둘째 제목으로 이어지도록 제목을 배치해야 한다. 로이드존스는 "각 제목은 다음 제목으로 이어져서 궁극적으로 분명한 결론을 드러내야 한다. 모든 것은 이 특정 교리의 대주제를 드러낼 수 있도록 논증되어야 한다."[21]고 말했다.

---

20) Ibid., 72-73.
21) Ibid., 77.

이런 강해의 개요는 질서정연한 구조로 되어 있어 설교에서 제시할 방향을 이끌어주어야 한다.

로이드존스는 설교 전체에 걸쳐 논리적 흐름과 클라이맥스가 있어야 한다고 믿었다. 개요의 요점들은 서로 연관되면서도 독립적이어야 한다. 각 제목은 단순히 전체의 한 부분으로 "궁극적인 결론을 목표로 하고"[22] 있어야 한다. 여러 개의 강줄기가 한 곳으로 모여 하나의 큰 강을 이루는 것처럼, 설교 개요의 여러 부분들도 그래야 한다고 그는 믿었다.

중요한 진리는 설교에서 드러나 보여야 하고 청중의 머릿속에 남아야 한다. 효과적인 설교가 되기 위해서는 이런 질서정연한 구조가 매우 중요했기에 그는 이렇게 지적했다.

"만일 나의 설교가 나의 머릿속에서 분명하고 정리되어 있지 않으면 다른 사람에게 설교할 수 없다."[23]

설교는 먼저 강단에 서 있는 사람에게 분명해야 비로소 청중석에 있는 사람들에게도 명쾌하게 되는 것이다.

개요의 중요성을 강조하기 위해, 로이드존스는 조나단 에드워즈를 예로 들었다. 에드워즈는 말년에 설교를 위해 완전 원고를 작성하지 않았다. 그렇지만 여전히 설교의 개요 작성의 필요성을 알았다. 에드워즈가 설교에 완숙해질수록 설교 원고는 간단해져서 마침내 간단한 개요만 들고 강단에 올라갔다. 대각성 시대의 이 위대한 설교자는 최소한의 개요 없이는 결코 설교하지 않았다. 이처럼 로이드존스는 에

---

22) Ibid.
23) Ibid., 211.

드워즈에게도 설교 개요가 매우 중요했음을 지적하였다.

> 조나단 에드워즈는 이 점에 있어서 매우 흥미롭다. 최근까지 나는 항상 에드워즈는 언제나 설교를 완전하게 썼다고 생각했다. 초기에는 그랬던 것이 분명하다. 그래서 실제로 그는 강단에서 그 원고를 사람들에게 읽어주었다. …차츰 에드워즈는 설교를 완전히 다 쓰지 않고 약간의 노트를 하는 데 만족했다. …이런 일에 있어서 절대적인 법칙을 주장하는 것은 잘못된 일이다. …나는 쓰는 것이 좋은 훈련으로, 생각을 정돈하고 배치하며 논리를 개발하고 순서를 정하는 데 유익하다고 본다.[24]

개요의 중요성은 이것이 목표를 위한 수단이라는 데에서 기인한다. 본문의 논리를 명확하게 제시하기 위해서는 생각을 정돈하는 것이 매우 중요하다. 개요가 존재하는 것은 오로지 더 큰 목적을 위해서라고 로이드존스는 결론내렸다. 로이드존스는 개요는 각 부분들을 모두 모은 것이 아니라고 조심스럽게 지적했다. 오히려 개요는 메시지의 구조를 형성하고 제시 방법을 보여준다. 따라서 잘 준비된 개요는 설교자에게 전달할 생각을 하나의 단위로 보여준다.

중심 사상을 배치한다

로이드존스는 강해자가 본문의 중심 주제를 반드시 파악해야 함을 깨달았다. 그는 설교의 중심 사상을 '교리'라고 불렀다. 그는 만일 본

---

24) Ibid., 215.

문을 제대로 이해한다면, 그 핵심 가르침과 성경 전체의 메시지에서 그것이 차지하는 위치를 발견하게 된다고 믿었다. 그는 이것이 설교 준비에 있어서 때로 가장 어렵고 많은 시간을 필요로 하는 일이라고 여겼다. 그럼에도 불구하고 본문의 구체적인 가르침을 찾아내는 일은 좋은 메시지를 만드는 데 있어서 가장 중요한 부분이다.

중심 사상을 찾아내기 위해서, 강해자는 본문의 저자의 의도에 대해 질문해야 한다는 것을 알았다. "그는 왜 이 말을 했을까? 왜 이 말을 이처럼 특별한 방식으로 했을까? 그는 무엇을 얻고자 했을까? 그의 목표와 목적은 무엇인가?"[25] 이런 진단 질문들은 본문을 조사하고 탐구하여 그 본문의 중심 주제를 드러내게 해준다.

마찬가지로, 성경 전체에서 가르치는 더 큰 교리가 선택된 본문의 해석을 지배해야 한다. 그는 "특정 본문에 대한 설교자의 해석은 이 시스템, 즉 성경에서 발견되는 교리와 진리의 틀로 점검되고 지배되어야 한다."[26]고 말했다. 설교의 중심 사상은 성경 전체에 대한 이런 포괄적인 지식에 의해 강화된다.

로이드존스는 현대의 수많은 설교자들이 본문의 중심 사상을 놓치고 있다는 것에 경악했다. 그는 6개월 동안 병석에 있으면서 많은 설교를 듣고는 본문의 중심 사상을 파악하는 설교자가 굉장히 부족하다는 것을 안타까워하며 지적했다. 대부분의 경우 설교자는 본문의 핵심적인 가르침을 완전히 놓치고 있었다. 그중 하나가 부활절에 들은 설교로 로마서 1장 1-4절을 본문으로 한 것이었다.

---

25) Ibid., 202.
26) Ibid., 66.

설교자는 예수님이 하나님의 아들이라고 강조하기는 했지만, "사도 바울이 언급하고 있는, 마침내 '하나님의 아들로 선포된' 놀라운 부활 사건에 대한 감격 없이"[27] 설교를 끝내버렸다. 이 설교자의 메시지는 바울이 전하고자 하는 메시지의 흐름과 동일하지 않았다. 그러므로 로이드존스가 평가하기에, 이 설교자는 바울이 말하고 있는 중심 요소를 놓친 것이었다.

로이드존스는 본문이 처한 문맥을 제대로 파악하지 못하는 위험에 대해서도 경고했다. 이렇게 되는 경우에도 설교자는 본문의 중심 사상을 놓칠 수 있다. 그는 "특정 구절에 대한 오해"는 종종 "앞에 나오는 구절들과 뒤에 나오는 구절들을 완전히 무시하기 때문에"[28] 발생할 수도 있다고 하였다. 다시 말해서, 본문에 대한 더 큰 관점이 본문을 올바로 이해하는 데 중요하다는 것이다. 그는 이렇게 말했다.

"중심 주제, 본문의 중심 메시지에 도달하는 일의 중요성은 아무리 강조해도 지나치지 않다. 이것이 당신을 이끌어 가고 당신을 가르치게 해야 한다. 그것에 귀를 기울인 다음에 그 의미에 대해 질문을 하라. 그런 다음 그것이 당신의 설교를 위한 부담감이 되게 해야 한다."[29]

설교자가 하나님이 성경을 통해 하시는 말씀을 포착하여 전달하기 위해서는 성경 저자의 의도를 반드시 파악해야 한다.

---

27) Ibid., 203.
28) Ibid., 204.
29) Ibid.

언어의 도구를 사용한다

로이드존스는 성경을 정확하게 해석하기 위해서는 본문을 원어로 연구해야만 한다고 주장하였다. 그는 헬라어와 히브리어는 "정확성을 위해서 큰 가치가 있다. 그 이상의 것이 없다. 그것이 전부이다."[30]라고 하였다. "그것은 정확성을 보장할 수는 없지만 정확성을 높여준다."[31]라고 경고하였다.

다시 말해서, 성경 본문을 바로 다루기 위해서는 성경 원어를 이해하는 것 그 이상의 노력이 필요하다는 것이다.

로이드존스는, 원어에 대한 초보적인 지식은 히브리어와 헬라어로 된 본문을 석의하는 전문적인 주석을 읽는 데 주로 도움이 된다고 강조하였다. 그는 런던 신학교 개교 연설을 하면서, "오늘날 설교자에게 필요한 것은 헬라어와 히브리어에 대한 충분한 지식이다. 주석을 사용할 수 있게 하며 여러 번역본들을 지적인 태도로 읽을 수 있게 한다. 그리고 어떤 견해에 대해 다른 누구보다도 권위자들의 논증을 따를 수 있게 한다."[32]라고 했다.

이처럼 성경 해석을 위해 여러 주석들의 도움을 받기 위해서는 성경 원어를 반드시 익혀야 한다.

그렇지만 성경 원어에 대한 지식이 부족하다고 해서 설교를 할 수 없다고 말하는 것은 잘못이다. 로이드존스는 "헬라어와 히브리어를

---

30) Ibid., 116.
31) Ibid.
32) Lloyd-Jones, *Inaugural Address*, 12.

알지 못하면 성경을 읽을 수도, 설교할 수도 없다고 말하는 것은, 내가 보기에 성경의 메시지와 설교의 진정한 성격에 대한 심각한 오해이다."[33]라고 하였다. 오히려 "필요한 것은 이런 언어들에 대한 기본적인 지식이다."[34] 이것은 당시 주류를 이루던 견해와는 분명히 다른 것이었다.

주석을 참고한다

설교자는 본문을 꼼꼼히 살핀 다음에는 "사용할 주석이나 다른 보조물들"[35]을 사용해야 한다고 권고하였다. 로이드존스는 자신의 서재에 많은 개인 장서를 보유했다. 실제로 배너 오브 트루스 트러스트(Banner of Truth Trust) 출판사는 그가 가진 희귀한 청교도 서적들을 재인쇄하기 위해 시작되었다. 이 장서는 런던 신학대학원에 소장되어 있다. 의사가 다른 의사의 검진 의견을 묻는 것처럼, 로이드존스도 그의 설교 준비를 위해 이런 주석들을 참고로 사용하였다.

로이드존스는 설교자는 본문이 말하지 않는 것을 말하도록 본문을 쥐어짜면 안 된다고 주장하였다. 그렇게 하는 것은 본문에서 가르침을 끌어내는 석의(exegesis)가 아니라, 본문 안으로 본문에 없는 자신의 의견을 밀어넣어 읽는 자기 해석(eisegesis)이 된다.

그래서 그는 "본문을 강요해서 쥐어짜기보다 차라리 멋진 설교를

---

33) Ibid.
34) Ibid.
35) Lloyd-Jones, *Preaching and Preachers*, 171–73.

포기해야 한다."[36]고 경고했다. 이런 위험에 빠지지 않기 위해서는, 주석들을 참고하여 본문의 주제와 핵심 교리에 대한 자신의 결론이 다른 신실한 사람들의 결론과 일치하도록 할 것을 그는 권고했다.

삶에 적용한다

설교자는 본문의 교리에 도달한 후에는 이것이 회중의 일상생활과 어떤 실제적인 연관을 갖는지 보여주어야 한다고 강조하였다. 이것은 본문이 어떻게 회중들에게 영향을 미칠 수 있는지를 염두에 두는 것을 의미한다. 설교자는 청중의 필요를 생각하고 있어야만 메시지를 그들 개인의 삶과 연관지을 수 있다.

이것은 강해자가 "회중석에 있는 사람들의 상태를 평가하여 그것을 메시지를 준비하고 전달할 때 염두에 두어야 한다."[37]는 것이다. 다시 말해서 설교자는 본문과 청중 둘 다를 해석해야만 이 두 세계 사이에 설 수 있다는 것이다.

설교자는 설교를 준비하는 동안, 그의 청중이 누구인가를 깊이 인식하고 있어야 한다. 즉 설교자는 청중의 상태를 분별하고 그들의 필요에 맞추어야 한다. 로이드존스는 설교자가 하는 말은 그가 청중의 상태에 영향을 받았기 때문이어야 한다고 강조했다. 설교는 실제 상황에서 살고 있는 실제의 세상 사람들에게 전하는 것이다.

설교자는 청중의 듣고 이해하는 능력을 평가해야 한다는 근본적인

---

36) Ibid., 202.
37) Ibid., 143.

원칙도 명심해야 한다. 로이드존스는 "젊은 설교자의 주된 실수는 사람들의 수준 그대로 설교하지 않고 자신이 원하는 수준의 사람으로 여기고 설교하는 것이다."[38]라고 하였다.

설교를 준비하면서 읽은 위대한 설교자들이 다른 시대 다른 시간에 속한 사람이라는 사실을 잊어버리는 경향이 있다. 그들의 청중은 현재의 세계와는 다른 방식으로 배우고 듣는 법을 익힌 사람들이라고 로이드존스는 경고하였다. 우리는 설교하면서, 청중이 처한 상황을 고려하지 않으면 안 된다.

설교자가 할 일은 본문이 청중과 관련 있다는 것을 분명하고도 알기 쉽게 적용할 수 있도록 제시하는 것이다.

로이드존스는 "당신은 강의를 하는 것도 아니고, 에세이를 읽고 있는 것도 아니다. 당신은 분명하고 구체적인 것을 제시하여 이 사람들과 그들의 삶과 관점에 영향을 주는 것이다."[39]라고 분명하게 강조하였다. 그는 이렇게 지적하였다.

> 당신은 고대 역사나 고대 문화 또는 그와 비슷한 것에 대해 고고학 강의를 하는 것이 아니다. 설교자는 오늘을 살면서 삶의 문제에 부딪힌 사람들을 대상으로 말하는 사람이다. 그러므로 당신은 이것이 글자 맞추기를 좋아하는 사람들처럼 특별한 취미를 가진 사람들이나 관심을 가질 학문적이거나 이론적인 것이 아님을 보여주어야 한다. 이 메시지는 실제로 그들에게 중요하며, 이것이 그들이 살아가는 데 참으로 도움이 되

---

38) Ibid., 144.
39) Ibid., 76.

기 때문에 그들의 전 존재를 집중하여 경청해야 하는 것임을 보여주어야 한다.[40]

예화를 사용한다

로이드존스는 예화를 사용함에 있어서 제한된 방식으로만 해야 한다고 믿었다. 그는 예화는 설교자가 억지로 찾지 않고 자연스럽게 흘러나와야 한다고 강조했다.

그는 예화 책을 사용하는 것은 "일종의 가증스러운 일"이라고 도전하였다. 어떤 예화들은 청중의 주의를 끌기 위해 거짓으로 사용된다. 그는 자신의 요지에 맞는 예화를 찾는 것을 창녀가 유혹하여 사람을 꼬이는 것에 비유하기까지 하였다.[41] 로이드존스는 성경과 교회사에 대해 자신이 아는 것에서 예화를 찾아내는 것이 남의 예화를 훔치는 것보다 훨씬 낫다고 이야기했다.

여기에 덧붙여, 로이드존스는 예화는 진리에 부차적인 것이어야 한다고 강조했다. 가르치고 있는 교리가 주인이고 예화는 종이다. 너무나 많은 설교자들이 예화를 본문의 요점을 드러내기 위한 목적으로 사용하기보다는 청중을 즐겁게 하려는 목적으로 사용한다고 그는 지적했다. 그는 이렇게 말했다.

---

40) Ibid., 76.
41) Ben Bailie, "Lloyd-Jones and the Demise of Preaching," in *Engaging with Martyn Lloyd-Jones*, eds. Andrew Atherstone and David Ceri Jones (Nottingham, England: InterVarsity, 2011), 166.

예화는 진리를 예증하기 위한 것이지 자신을 드러내거나 자신을 주목하게 하기 위한 것이 아니다. 예화는 사람들로 하여금 당신이 말하고 선포하는 진리를 보다 더 분명하게 알도록 이끌어주고 도와주는 수단이다. 그러므로 원칙은, 진리가 반드시 뚜렷하게 드러나야 하고 절대 우위를 점해야 하며 예화는 그 목적을 위해 주의깊게 최소한으로 사용되어야 한다는 것이다. 우리가 해야 할 일은 사람을 즐겁게 하는 것이 아니다. 사람들이 이야기를 좋아하고 예화를 좋아한다. 나는 이유를 이해할 수 없지만, 사람들은 항상 자신의 가족에 대해 이야기하는 사역자들을 좋아하는 것 같다. 분명 거기에는 상당한 기만이 들어있다. 왜 사람들은 다른 사람들보다 설교자의 자녀들에 대해 관심을 가질까? 그들은 그들의 자녀들이 있으므로 그런 이야기는 그들에게서도 얼마든지 찾을 수 있다. 이렇게 하는 논리는 대체로 '사적인 면'을 도입하는 것이다. …이것이 어떻게 회중의 다수에게 있는 가장 저급하고 가장 악한 면을 이용하는지 잘 알 수 있을 것이다. 이것은 순전히 육적인 것이며 사람의 사적인 세부 사항을 알려고 하는 일종의 정욕과 욕망이다.

그러나 설교자는 강단에 서서 진리 자체를 말하고 선포해야 한다. 이것이 우위를 차지해야 하며 다른 모든 것은 이 목적을 돕는 것이어야 한다. 예화는 그저 종에 불과하다. 그러므로 주의깊게 최소한으로 사용해야 한다.[42]

---

42) Ibid., 232-34.

다른 사람들의 말을 인용한다

로이드존스는 설교에서 남의 것을 인용하는 일 역시 제한적으로 해야 한다고 하였다. 그는 사람들은 그들 앞에 서 있는 설교자에게 들으러 오는 것이지 다른 시대에 속한 다른 사람의 말을 들으러 오는 것이 아니라는 논리를 폈다. "설교에서 너무 많은 인용을 하면 청중이 지치고 때로는 우습게 되기까지 한다."[43]고 주의를 주었다.

설교는 설교자를 매개로 하여 하나님의 진리를 선포하기 위한 것이다. 사람들은 다른 사람의 말이나 생각을 인용하는 것을 듣고 싶어 하지 않는다. 그들은 당신에게 들으러 왔다. 당신이 하나님의 사람이며, 당신이 이 사역으로 부르심을 받았고 당신이 안수를 받았다. 그리고 그들은 당신을 통하여, 당신의 존재 전체를 통하여 나오는 이 위대한 진리를 듣기 원한다.[44]

길게 인용하거나 인용을 많이 하는 일을 제한해야 한다고 그는 믿었다. 설교자는 다른 사람이 아니라 자기 자신의 목소리가 들리도록 설교해야 한다. 사람들은 그들의 영혼에 대한 설교자의 관심을 느낄 필요가 있다. 그들은 그들의 영적 성장에 대한 설교자의 소원을 알 필요가 있는 것이다.

---

43) Lloyd-Jones, *Preaching and Preachers*, 222.
44) Ibid., 222.

도입부를 쓴다

로이드존스에 의하면, 설교의 도입부는 설교 전달을 성공하게도 하고 실패하게도 한다. 이 시작은 강해 설교의 현관문 역할을 한다. 그러므로 청중에게 첫인상을 주므로 세심하게 생각해야 한다. 설교의 시작 부분을 바로 쓰기 위해서는 먼저 이 부분의 특징에 대해 이해해야 한다.

만일 설교가 시리즈 설교의 한 부분이라면, 이전 강해를 요약하는 부분이 들어가야 효과적이라고 그는 생각했다. 마찬가지로 청중이 듣는 이 설교의 여러 부분들에 대해서도 암시를 해야 한다. 그는 이렇게 말했다.

> 설교의 시작 부분에서 잠시 시간을 들여서 이전에 했던 설교를 짧게 요약해주어야 한다. 나는 '짧게'라는 말을 강조한다. …이전 설교의 개요를 지나치게 길게 말하는 성향은 철저히 막아야 하지만, 그럼에도 불구하고 요약은 필수적이다. 요약은 사람들 모두에게, 심지어 꼬박꼬박 참석하는 사람들에게도 도움이 된다. 그리고 처음 온 사람들에게도 필수적이다.[45]

로이드존스는 "설교자는 도입 부분에서 주요 주제와 여러 부분들을 암시해주어야 한다."[46]고 말했다. 여기서 설교자는 듣는 사람의 구미

---
45) Ibid., 198-99.
46) Ibid., 76.

를 돋우어 본문에 있는 것을 배우고 싶은 욕구를 자극해야 한다. 동시에 설교자가 말할 내용을 너무 자세하게 알려주어서도 안 된다. 그렇게 하면 청중은 정작 설교가 진행되는 동안은 지루해 하게 된다. 도입부분은 청중을 쓸데없이 지치게 하지 않도록 상대적으로 짧아야 한다. 예를 들어, 로이드존스는 이렇게 말했다.

> 나는 도입부에서 나를 거의 지치게 했던 설교들을 기억한다. 설교가 나를 다루고 나와 함께 뛰어가는 대신에, 내가 설교를 올바로 파악하고 이해하는 데 너무 많은 시간이 들게 했다. 많은 경우, 도입부에서 너무도 나를 지치게 하여 정작 중요한 부분인 클라이맥스에 이르렀을 때 나는 벌써 지치고 탈진해서 제대로 어찌할 수가 없었다.[47]

로이드존스는 도입부에서 본문을 설명하는 데 너무 깊게 들어간 나머지 청중을 지치게 만들어서는 안 된다고 주장했다.

도입부의 목적은 설교의 교훈으로 들어가는 출입문 역할을 하는 것이다. 도입부의 목적은 모든 것을 말해주는 것이 아니라 청중에게 그 설교의 중요성을 보여줌으로써 메시지의 중심부에 집중하도록 유인하는 것이다.

결론을 도출한다

결론에 대해서도 로이드존스는 전략적 중요성을 강조하였다. "클라

---

47) Ibid., 292.

이맥스에서 끝내야 한다. 그리고 모든 것은 그 위대한 진리가 그동안 말한 모든 것을 누르고 드러나도록 이끌어가야 한다. 그러면 청중은 이것을 그들의 마음에 담게 된다."[48]고 그는 말했다.

강해자는 그의 청중을 향한 마지막 말처럼 모든 결론을 다루어야 한다. 청중 가운데는 하나님의 말씀을 다시는 듣지 못할 사람도 있을 수 있다. 그러므로 설교자는 성경을 보여줄 수 있는 기회의 중요성을 온전히 자각하고 있어야 한다.

결론은 설교자가 청중이 들은 진리에 맞추어 행동하도록 촉구하는 부분이다. 로이드존스에 의하면, 설교에 대한 반응은 초청에 응하여 앞으로 나오는 데 있지 않다. 오히려 바람직한 결과는 그리스도의 복음을 명확하게 제시하여 설교에서 말한 진리가 청중의 삶에서 열매 맺히게 하는 데 있다.

궁극적으로 설교의 성공은, 회개와 믿음을 주시는 성령께 달려 있다. 로이드존스는 성령께 달려 있다는 이 사실을 거듭 강조하면서 이런 말을 했다.

> 이것은 하나님의 성령이 하시는 일이다. 그의 역사는 완벽하며 항구적인 역사이다. 그래서 우리는 결과에 대해 지나치게 염려하지 말아야 한다. 이것은 정직하지 못한 일이라는 것이 아니라 실수라는 말이다. 우리는 성령을 신뢰하고 그의 실수 없는 역사를 의지하는 법을 배워야 한다.[49]

---

48) Ibid., 77.
49) Ibid., 282.

이것은 설교자가 늘 확신해야 하는 부분이다. 설교자는 성령께서 주권적인 행위로 말씀을 듣는 사람의 마음에 적용하실 것을 확신해야 한다. 결국 하나님은 그의 말씀을 높이는 사람을 높이신다.

하나님의 인정을 구한다

설교자가 메시지를 준비하는 동안, 하나님이 그의 메시지 내용을 이끌어가시는 것이 중요하다. 많은 설교자들은 청중의 인정을 받으려는 마음으로 메시지를 준비한다. 이것은 설교자로 하여금 청중의 귀를 긁어주는 사람, 사람을 기쁘게 하는 사람이 되게 만든다.

로이드존스는 "청중이 강단을 지배하거나 다스려서는 안 된다는 것이 나의 분명한 생각이다."[50]라고 강조했다. 설교자는 항상 하나님을 먼저 기쁘게 하는 사람이 되어야 한다.

로이드존스는 자신이 의사였을 때 절대로 환자가 처방전을 쓰도록 허용하지 않았다. 담당 의사로서 그는 보살핌이 필요한 환자에게 가장 좋은 것이 무엇인지 알았다. 그것이 의사의 임무였다.

그는 회중을 위해 주님께 구하고 그들의 건강에 필요한 진리를 그들에게 제시했다. 하지만 그럴지라도 설교자는 그 시간에 자신이 준비하는 설교에 대해 하나님의 인도하심을 받아야 한다. 오직 하나님을 기쁘게 하려는 사람만이 탁월한 강해 설교자가 될 수 있다.

---

50) Ibid., 143.

"우리의 메시지가 성경으로부터 나온다는 사실을
사람들에게 명확하게 해야 한다.
우리는 성경과 성경의 메시지를 전한다.
그것이 우리의 메시지의 기원이다."

나는 로이드존스 박사가 마태복음 11장을 내리 설교하는 것을 들을 수 있었다. 나는 그런 설교를 들어본 적이 없었기에 전율을 느꼈다. 나는 최소한 그 메시지 대부분의 주제를 지금도 기억할 수 있다. …내가 설교에 대해 정직하게 말할 수 있는 것은(실제로 종종 말한다) 그 겨울에 박사로부터 배웠다는 사실이다.[1]

- 제임스 패커

---

1) Murray, *The Fight of Faith*, 188.

6장

철저하게 하나님 중심적인 설교

저명한 신학자, 제임스 패커는 스물두 살의 학생 때 마틴 로이드존스의 설교를 듣기 위해 어느 주일에 웨스트민스터 채플을 찾아갔다. 그가 이렇게 로이드존스의 강단 사역을 처음으로 접한 것은 1948-49학년도 때였다. 그때 패커는 갓 4년 된 그리스도인이었다. 로이드존스의 설교가 패커의 신앙 생활에 미친 영향은 측정할 수 없을 정도이다. 패커는 후에 로이드존스의 설교와의 만남을 이렇게 회고했다.

그 설교자는 큰 머리에 눈에 띄게 숱이 적은 머리카락을 지닌 작은 사람으로, 볼품없는 검은 가운을 입고 있었다. 툭 불거진 그의 큰 이마가 제일 먼저 눈에 띄었다. 그는 발코니 중앙에 있는 작은 강대상으로 성큼성큼 다가와서는 마이크에 대고 웨일즈 톤의 깊고 어색한 목소리로 "기도합시다."라고 하고는 즉시 하나님께 예배하는 동안 우리를 찾아와 주실 것을 간구하기 시작했다. 그의 기도에는 경외와 친밀함, 경배와 의지, 유창함과 단순함이 섞여있는 것이 특징이었다. 그는 기도에 큰 은사를 가지고 있었다. 곧 그는 성경 한 장(마태복음 11장)을 읽었다. 극적이거나 무게가 있기보다는 빠르고 지적이었다. 순서에 따라 강당의 불이 꺼지고 그는 45분에 걸친 설교를 시작하였다. …그의 설교는(요즘 말로) 환상적이었다.[2]

제임스 패커는 설교 전달에 대해 이렇게 설명했다.

그의 설교는 무엇이 특별했을까? 그것은 단순하고 명료하며 직설적인 일대일식이었다. 그것은 강해식이고 변증적이며 큰 의미에서 복음전도적이었다. 그것은 매력적인 웅변가의 계획된 연출이면서 동시에 그의 청중이 필요로 하는 하나님의 메시지를 가진 사람에게서 열정적이며 동정적으로 흘러나오는 것이었다. 그는 하나님의 주권적 은혜에 대해 극적으로 외친 다음 몇 분 후에 끝을 맺었다. 그런 다음, 그것을 바탕으로 신속하게 설득했으며 곤경에 처한 영혼들은 그리스도께로 나아오도록 초청했다. 그것은 아주 오래된 이야기였지만 놀랍게도 새롭게 만들어져

---

2) D. Martyn Lloyd-Jones, *The Heart of the Gospel* (Wheaton, Ill.: Crossway, 1991), 7-8.

있었다. 나는 이전보다 더 생생하게 하나님의 위대하심을 마음으로 느끼면서 경의와 기쁨이 충만한 상태로 예배당을 나왔다.3)

제임스 패커는 그 시절을 뒤돌아보면서, 로이드존스의 설교가 준 강력한 영향을 이렇게 묘사했다.
"나는 다른 설교자가 하나님에 대해 그렇게 많이 말하는 것을 들어 본 적이 없다. …결론적으로 그는 우리에게 모든 은혜의 하나님을 보여주었다."4)

바로 여기에 로이드존스의 설교의 위대함이 있다. 그의 강해 설교는 듣는 사람들에게 살아계신 하나님을 느끼게 해주었다. 그의 설교는 죽은 정통이기는커녕 하나님의 놀라움을 드러내는 영적인 전력, 삶을 변화시키는 전류가 흐르는 고압 전기였다.

하나님께 집중하라

로이드존스의 설교가 전달하는 영적인 능력은 그의 초월적인 하나님에 대한 관점에서 나왔다. 어떤 사람의 설교도 그의 하나님 관점보다 높을 수 없다. 로이드존스 설교의 천재성은 그의 견고한 경건, 하나님과 그의 말씀에 대한 개인적 지식에 기초한 것이었다. 그가 강단에서 하나님을 높일수록, 사람들은 하나님을 높이 경배했다. 그는 끊임없이 하나님의 영광을 드러내면서 청중이 하나님의 위대하심과 사

---

3) Ibid., 8.
4) Murray, *The Fight of Faith*, 325.

랑과 은혜를 바라보도록 이끌었다.

1969년에 로이드존스는 웨스트민스터 신학대학원에서 설교에 대해 일련의 강의를 하면서 이렇게 주장했다.

> 설교는 무엇보다도 하나님의 존재를 선포하는 것입니다. …그 이름에 합당한 설교는 하나님과 그의 존재와 능력과 영광에 관한 선포로 시작합니다. 이것은 신약의 모든 곳에서 발견할 수 있습니다. 바울이 아덴에서 "그것을 내가 너희에게 알게 하리라"("him declare I unto you" 행 17:23, KJS영어 성경에는 "그를"이라고 되어 있음 - 역자 주)고 한 것이 정확하게 이것입니다. "그를!" 하나님에 대해 설교하는 것, 그리고 그를 우상과 비교하여 우상의 헛됨과 고통스러움과 무용함을 폭로하는 것입니다.[5]

진정한 성경적 설교는 하나님으로부터 직접 온다고 로이드존스는 확언했다. 그리고 설교자는 다만 성령에 의해 능력을 받고 열렬한 기도로 뒷받침을 받는 메신저일 뿐이다. 이것은 정확하게 그의 강해에서 초점을 맞추려 했던 것이다. 그는 모든 본문에서 하나님의 광대하심을 찾고 그를 다른 모든 것보다 더 높이려고 하였다. 그는 강단 사역에서 하나님을 최고 우선순위로 높이려고 끊임없이 노력하였다. 그는 다른 사람이 설교하는 것을 들을 때조차도, 그 설교자가 오로지 하나님의 위대하심에 대한 참된 의식을 전할 수만 있다면 기꺼이 그의 평범한 전달이나 산만한 설명을 개의치 않았다.

---

5) Lloyd-Jones, *Preaching and Preachers*, 62-63.

나는 설교자가 내게 하나님에 대한 바른 생각을 전하고 내 영혼에 무언가를 준다면, 그 사람 자신은 부적절하지만 크고 영광스러운 것에 대한 의식을 전해준다면, 그리고 하나님의 위엄과 영광, 그리스도 내 구주의 사랑과 복음의 장엄함에 대한 희미한 빛이나마 전해준다면, 나는 그의 나쁜 설교를 용서할 수 있고, 설교자의 거의 모든 것을 용서할 수 있다. 만일 그가 이런 일을 한다면 나는 그에게 빚진 자이며, 따라서 나는 그에게 깊이 감사한다.[6]

로이드존스는 설교의 초점은 하나님을 드러내는 것이라고 믿었다. 그에게 "설교의 주된 목적이 무엇인가?"라는 질문을 한다면, 그는 간단하게 "나는 이것이라고 즐겨 생각합니다. 그것은 사람들에게 하나님과 그의 임재에 대한 의식을 전해주는 것입니다."[7]라고 대답할 것이다. 이것은 로이드존스가 이해한 진정한 설교의 핵심이었다. 그는 그것을 드높이는 강해, 즉 하나님을 항상 높이는 설교라고 믿었다.

간단히 말해서, 로이드존스는 하나님의 말씀의 주된 목적은 말씀의 하나님을 계시하는 것이라고 믿었다. 그는 강단의 목적은 문화나 어떤 특정 사회적 대의에 초점을 두는 것이 아니라고 굳게 믿었다. 또한 그 시대의 정치 의식에 스포트라이트가 집중되어서도 안 된다. 오히려 성경적 설교의 초점은 하나님의 속성과 역사에 있어야 한다. 이런 하나님 중심적 초점은 그의 강단 사역에서 놓칠 수 없는 우선순위였다.

---

6) Ibid., 98.
7) Ibid., 97.

무엇보다도 로이드존스의 설교를 들은 사람들은 예배를 마칠 때, 하나님을 찬양하는 뜨거운 열정과 그의 거룩하심 앞에서 겸손해진 마음으로 충만했다. 그는 항상 청중이 위로 하나님을 보도록 인도했다. 그는 이렇게 권고했다.

> 우리는 우리가 얻는 유익에 멈추지 않아야 한다. 심지어 우리가 누릴 수 있는 최고의 체험에도 머무르지 않아야 한다. 갈수록 더욱더 하나님의 영광을 알도록 노력해야 한다. 그것이 우리를 진정한 체험으로 인도하는 것이다. 우리는 하나님의 광대하심, 하나님의 주권을 알고 경외감과 경이감을 느껴야 한다. 우리는 이것을 알고 있는가? 우리 교회에 이런 경외감과 놀라움이 있는가?[8]

로이드존스에게 설교의 가장 큰 목적은 단순히 지적 내용을 전달하거나 감정적 충격을 주는 데 있지 않았다. 이것들도 중요하지만, 그것은 결과이지 원인이 아니다. 설교의 목적은 사람들 속에 하나님을 아는 지식과 신적 거룩에 대한 경외감을 심어주고 그리고 죄인들을 향한 하나님의 뜨거운 사랑을 넘치도록 자각하도록 하는 것이었다.

이런 의미에서, 로이드존스는 자신을 '예배 인도자'로 보았다. 양떼에게 하나님을 알려주는 사람은 예배를 인도하는 사람이라고 그는 주장했다. 이 호칭은 말씀을 강해하는 사람에게만 주어져야 한다. 로이드존스는 이렇게 지적했다.

---

[8] D. Martyn Lloyd-Jones, *The Puritans: Their Origins and Successors* (Edinburgh, Scotland: Banner of Truth, 2014), 120.

"우리의 모든 추구와 모든 예배와 모든 노력의 목적은 특별한 체험을 하는 것이 되어서는 안 된다. 또한 특정 축복을 간구하는 것이 되어서도 안 된다. 바로 하나님 자신(은사가 아니라 은사를 주시는 분, 축복 자체가 아니라 모든 축복의 근원이 되시는 분)을 아는 것이 되어야 한다."[9]

이것이 그가 청중에게 주입하려고 했던 본질적인 결과였다. 따라서 강해는 반드시 경배로 이어져야 한다.

청중의 한 사람으로 로이드존스의 설교를 들은 레이 포웰은 하나님의 위대하심에 압도되었다. 그는 전능자를 높이는 말씀을 하나라도 놓칠까봐 감히 숨도 쉴 수 없었다고 말했다. 이런 하나님 중심적인 설교에 대해 포웰은 이렇게 말했다.

그의 마음은 열정적으로 하나님의 영광이 이처럼 드러나기를 추구하였다. 그는 그의 설교의 제단에 불(하나님이 그의 백성 가운데 계신다는 확신을 모든 사람에게 주는 하늘의 기름부음)이 내리기를 갈망하면서 그렇게 축복했다. 때로(보통 설교 마지막에 이르러), 그는 뭔가를 기다리며 맴도는 것 같아 보였다. 때로는 성령의 바람이 우리와 그를 휩쓸어 갔다. 그리하여 독수리 날개치며 올라가는 것같이 그 경외로운 곳으로 올라가 하나님의 임재를 느꼈다.[10]

분명 로이드존스는 그의 설교의 영향력이 자신의 설득력 있는 말이나 계획에서 비롯되지 않고, 하나님에 의해 쓰임받고 오직 성령의 능

---

9) Lloyd-Jones, *Great Doctrines*, 50.
10) Catherwood, *Chosen by God*, 87.

력에 있기를 소원했다. 그의 소원은, 가장 깊은 곳에 있는 죄에까지 파고 들어가 지옥으로 가고 있는 죄인을 구하는 하나님의 빛나는 사랑을 사람들에게 보여주는 것이었다. 설교는 반드시 하나님이 누구이신가에서 시작하여, 다음에 인간으로 나아가야 한다고 그는 믿었다.

인간에게서 시작하여 하나님께로 나아가면 안 된다. 인간이 자신을 바로 보려면 먼저 하나님을 보아야 한다. 그럴 때, 비로소 자신의 진정한 필요를 알 수 있다. 오직 하나님을 알 때만 자신이 사는 법을 알 수 있다. 따라서 로이드존스는 모든 설교는 무엇보다도 하나님의 탁월성을 밝혀주어야 한다고 확신했다.

성경의 모든 메시지는 하나님에서 시작하여 하나님으로 끝난다는 것이 로이드존스의 입장이었다. 성경은 선한 삶을 살기 위한 단순한 교육 교재를 훨씬 능가하는 것이다. 하나님의 말씀은 무엇보다도 하나님의 놀라운 위엄을 나타내는 것이다. 그는 이렇게 선포했다.

> 이것은 충격적인 생각이지만 성경 전체의 가르침과 완전히 일치한다. 바로 여기서 우리 모두는 잘못된 길로 나아가는 경향이 있다. 우리 앞에는 성경이 펼쳐져 있지만, 그래도 우리는 성경이 아니라 우리 자신의 생각을 바탕으로 교리에 대한 우리의 개념을 세우는 경향이 있다. 성경은 언제나 하나님에서 시작한다. 그래서 다른 곳에서 혹은 다른 사람에게서 시작해서는 안 된다.[11]

---

11) D. Martyn Lloyd-Jones, *God's Ultimate Purpose: An Exposition of Ephesians 1:1-23* (Grand Rapids, Mich.: Baker, 1978), 82.

만일 강해자가 하나님이 아니라 다른 것을 강조하는 것으로 시작한다면, 그 설교는 분명히 잘못된 길로 나아간다. 성경의 첫 절에서부터 시작하여 성경의 메시지는 하나님의 속성과 사역을 설명한다. 로이드존스는 이렇게 주장했다.

> 성경은 하나님으로 시작한다. 당신도 기억하는 대로, 우리에게 모든 것을 말해주는 성경의 위대한 서두 진술은 '태초에'라는 것이다. 하나님에 대한 지식은 궁극적으로 다른 모든 교리들을 총합한 것이다. 이 중심적이고 모든 것을 포괄하는 하나님 자신에 대한 교리를 떠난 교리는 어떤 것이든 아무 의미도, 목적도 없다. 하나님의 교리로 시작하지 않는 한 구원 교리도, 죄 교리도 아무 의미가 없다.[12]

로이드존스가 보기에는, 성경의 임무는 하나님의 인격을 드러내 보이는 것이다. 다른 모든 교리들은 하나님에 대한 올바른 지식 아래서 가장 잘 보이고 이해될 수 있다. 하나님 자신에 관한 학문이라는 본래적 의미의 신학은 다른 모든 신학의 영역을 보는 궁극적인 잣대이다. 하나님의 위엄이 모든 설교에서 우선순위가 되지 않으면 다른 교리들은 청중들에 의해 그릇 오인될 것이다. 따라서 로이드존스는 모든 설교에서 하나님이 시작이요 **중간**이요 마지막이 되어야 한다고 믿었다.

---

12) Lloyd-Jones, *Great Doctrines*, 47.

하나님의 거룩하심에 헌신하라

하나님에 대한 설교는 하나님의 절대적 거룩하심을 드러내는 것으로 시작되어야 한다. 로이드존스는 다른 모든 영역의 진리들은 이 신적 속성에 비추어 조망되어야 한다고 말했다. 하나님의 성품의 다른 측면들 가운데 어느 것도 이 근본적인 진리를 앞서지 못한다. 하나님은 그 존재와 행위에 있어서 거룩하시고 절대적으로 완전하시다. "성경은 모든 곳에서 하나님이 거룩하시며, 그 같은 하나님의 거룩하심이 '죄에 대한 하나님의 증오'와 '죄와 죄인으로부터 분리되신 것'과 '모든 악으로부터의 분리'로 나타난다고 가르친다."[13]고 로이드존스는 주장한다. 그는 하나님은 높고 또 높이 들리어 계시며, 초월해 계시고, 도덕적으로 잘못이 없으며, 흠이 없고, 죄인들과 분리되신 분이라고 강조했다. 이것이 모든 설교의 시작점이 되어야 한다.

로이드존스는 신적 거룩하심의 우선성은 강단에서 계속적으로 선포되어야 한다고 믿었다. 하나님의 거룩하심에 대한 지식은 인간의 죄악성과 하나님의 공의로운 정죄를 드러내는 데 필요하다. 하나님의 거룩하심은 하나님 앞에서 건강한 경외심을 드러내는 이유가 되어야 한다고 그는 주장했다. 그는 이렇게 썼다.

성경이 하나님의 거룩하심을 계시하는 목적은 우리에게 하나님께 나아가는 방법을 가르치기 위해서이다. 우리가 알려고 노력해야 하는 것은 단순한 이론적 지식이 아니다. 그 목적은 매우 실제적인 것이다. 히브리

---

13) Ibid., 69.

서 저자의 말로 하면 우리는 하나님께 나아갈 때 "경건함과 두려움으로"(히 12:28) 나아가야 한다. 우리가 어디에 있든 항상 그렇게 하나님께 나아가야 한다. 혼자 방에 있든, 가족이 기도를 위해 모였든, 공적 예배에 참석하고 있든 하나님은 언제나 하나님이시다. 그러므로 항상 "경건함과 두려움으로" 나아가야 한다.[14]

하나님의 거룩하심에 대한 지식은 듣는 사람들에게 자기 자신의 죄에 대한 깊은 의식을 가져다준다고 로이드존스는 주장했다. 그는 "하나님의 거룩하심에 대한 진정한 의식을 갖지 않는 한 죄에 대한 지식을 가질 수 없다."[15]고 말했다. 하나님의 거룩하심에 대한 설교는 죄에 대한 지식을 실제가 되게 하여 그 영혼을 사로잡아 하나님 앞에 세운다.

마찬가지로, 강단은 범죄한 인간이 하나님 앞에 나아갈 수 있는 유일한 기초를 제시해야 한다. 그리스도의 대속이 필요하게 만드는 것은 하나님의 거룩하심에 대한 깨달음이다. 로이드존스는 "하나님의 거룩하심은 대속의 절대적 필요성을 우리에게 보여준다. …피흘림이 없이는 사함이 없다. 하나님의 거룩하심이 이것을 주장하고 죄에 대한 대속을 요구한다."[16]고 선포했다. 다시 말해서 하나님의 거룩하심은 십자가를 요구한다.

로이드존스는 하나님의 사랑으로 설교를 시작하는 사람들을 반박

---

14) Ibid., 71.
15) Ibid.
16) Ibid., 72.

하였다. 그는 "왜 우리가 아니라 하나님으로 시작하는 것이 그렇게 중요합니까? 왜 우리의 의견이 아니라 하나님으로 시작해야 합니까? 왜 이 계시에 맞추어야 합니까? 왜 하나님의 사랑이 아니라 하나님의 거룩하심에서 시작해야 합니까?"[17]라는 질문에 대답했다. 이것은 어떤 강단 사역에서든 결정적인 질문이다. 이런 도전에 대답하면서 로이드존스는 이렇게 주장했다.

"몇 가지로 대답을 하겠습니다. 하나님의 거룩하심으로 시작하지 않으면 하나님의 구원 계획을 결코 이해할 수 없습니다. 그 구원은 갈보리 언덕에서 십자가에 달린 우리 주 예수 그리스도의 죽음을 통해서만 가능합니다."[18]

로이드존스는 십자가가 절대적으로 필요한 이유를 설명했다. 거룩하지 못한 죄인들이 거룩하신 하나님께 받아들여질 수 있는 다른 길은 없다. 그는 이렇게 주장했다.

그러나 왜 십자가가 필수적인가? 왜 그것이 인간이 구원받을 수 있는 유일한 길인가?라는 질문이 나온다. 만일 하나님이 오직 사랑과 자비와 동정이기만 하다면 분명히 십자가는 의미가 없을 것이다. 만일 하나님이 오직 사랑만이라면 인간이 범죄할 때 하나님이 해야 할 일은 오로지 인간을 용서하는 일일 것이다. 하지만 모든 메시지는 십자가가 중심이라는 것이다. 그래서 그 죽음 없이는 하나님은 용서하실 수 없다고 저는

---

17) D. Martyn Lloyd-Jones, *Life in Christ: Studies in 1 John* (Wheaton, Ill.: Crossway, 2002), 101.
18) Ibid.

감히 말씀드린다.[19]

하나님의 거룩하심을 제시하지 못하면 그리스도의 십자가에서 그 진정한 의미를 제거하는 것과 같다. 그는 계속 말한다.

십자가를 요구하는 것은 하나님의 거룩이다. 그러므로 거룩으로 시작하지 않으면 십자가가 의미가 없다. 현대 신학자들이 십자가를 경시해온 것은 이상한 일이 아니다. 그것은 그들이 하나님의 거룩하심 없이 하나님의 사랑으로 시작했기 때문이다. 또한 그들이 하나님의 거룩한 생명, 즉 하나님 안에 있는 모든 것이 거룩하다는 것을 잊어버렸기 때문이다. 하나님께는 사랑과 용서가 연약함이나 타협의 대상이 아니다. 하나님은 자신의 거룩한 방식으로 죄를 다루시는 것처럼 죄를 용서하실 수밖에 없다. 그것이 십자가에서 하신 일이다.[20]

만일 하나님이 거룩하시지 않다면 십자가는 필요하지 않고 어떤 죄든 용서할 능력이 없을 것이라고 로이드존스는 주장한다. 하나님의 거룩하심이 지닌 우월한 위치를 상실하는 것은 십자가에서 구원 능력을 빼앗는 것이다. 하나님의 거룩하심을 먼저 선포하지 않고는 하나님의 사랑을 제대로 설교할 수 없다. 이런 기초 위에서 로이드존스는 결코 움직이지 않았다. 어떤 설교자도 먼저 하나님의 거룩하심을 확립하지 않고는 복음의 구원 능력을 선포할 수 없다. 따라서 로이드존

---

19) Ibid.
20) Ibid.

스는 이런 결론을 내린다.

> 그러므로 하나님의 거룩으로 시작하는 것이 필수적이다. 그렇지 않으면 구속의 계획, 구원의 구도는 의미가 없어져서 우리는 기독교 신앙의 중심이 되는 교리들의 목적이나 요지를 알 수 없게 된다. 그러나 하나님의 거룩으로 시작하면, 성육신이 반드시 이루어져야 한다는 것을 이해할 수 있게 되고, 십자가가 절대적으로 필요하며, 부활과 성령의 강림을 비롯한 이 큰 계획의 다른 부분들도 이해할 수 있게 된다. 올바른 곳에서 시작하는 것이 얼마나 중요한가, 우리 자신의 사상이 아니라 진리에 의해 이끌림을 받는 것이 얼마나 중요한가.[21]

널리 퍼져 있는 자유주의에 대항하여, 로이드존스는 설교자가 하나님의 거룩하심을 주장하면 다른 모든 교리들이 올바른 자리에 서게 된다고 주장하였다. 하나님의 초월적 정결함이 밝게 빛을 비추어 다른 모든 진리들을 바른 자리에 자리잡게 만든다. 모든 설교자의 제일가는 의무는 하나님의 거룩하심을 선포하는 것이라고 로이드존스는 믿었다. 그때 비로소 자신의 죄를 보고 하나님 앞에서 자신이 정죄받고 있음을 감지할 수 있게 된다. 그때 비로소 십자가의 필요성을 이해하게 된다. 그때 비로소 자신에게 그리스도의 의가 절실하게 필요함을 알게 된다. 하나님의 거룩하심에 대한 이해가 없으면 구원의 교리를 결코 올바로 이해할 수 없다는 것이 그의 믿음이었다. 이것이 그의 복음 설교의 시작점이다.

---

21) Ibid.

로이드존스는 이렇게 말했다.

우리의 임무, 우리의 일, 우리의 제일 가는 소명은, 하나님의 주권과 위엄, 거룩하심을, 그리고 인간의 죄악성과 완전한 타락을, 그리고 인간은 자신을 구원할 능력이 전혀없다는 것을, 그리고 갈보리 언덕 위 십자가에서 하나님의 아들 예수 그리스도가 희생적, 대속적, 대리적 죽음을 당하셨다는 것을, 그리고 그의 인간 구원의 유일한 수단과 유일한 소망으로서 예수 그리스도의 영광스러운 부활을 분명하고 한결같이 선포하는 것이다.[22]

하나님의 영광에 헌신하라

더 나아가 로이드존스는 설교자는 하나님의 영광을 선포해야 한다고 주장했다. 그는 하나님의 영광을 "하나님의 본질적 속성이며 이것이 하나님을 하나님 되게 하는 것이다."[23]라고 정의했다. 하나님의 영광은 하나님이 어떤 분이신가를 총합한 것이요 내용이다. 누구도 하나님의 본래적 영광에 어떤 것도 더할 수 없다. 반대로 여기서 어떤 것도 뺄 수 없다. 하나님의 영광은 절대로 늘지도 줄지도 않는다. 그것은 항상 동일하다. 이 진리에 내해 로이드존스는 이렇게 썼다.

만일 하나님을 다른 어느 것보다 잘 묘사하는 말이 있다면, 그것은 '영

---

22) Lloyd-Jones, "The Return to the Bible," 11.
23) Lloyd-Jones, *God's Ultimate Purpose*, 130.

광'이라는 말이다. 여기에는 아름다움, 위엄, 아니 더 나은 것으로 장엄함이 포함된다. 또한 여기에는 위대함과 능력과 영원함의 개념이 포함된다. 이 모든 말들은 이 한 단어 '영광'에 포함된다. 이 이상이 있을 수 없다.[24]

로이드존스는 설교자의 책임은 하나님의 영광을 선포하는 것으로, 그것은 "하나님이 하시는 모든 일에 나타나 있다."[25]고 믿었다. 하나님을 설교하려면, 반드시 창조와 역사와 구원에 나타난 하나님의 영광을 설교해야 한다. 그는 "우리는 주 예수 그리스도 안에서 하나님의 영광을 가장 높은 곳에서 본다."[26]고 확언하였다. 그리고 "하나님의 아들이 이 세상에 오셨을 때, 그는 다른 무엇보다도 하나님의 영광을 드러내고 계셨다. '우리가 그의 영광을 보니'(요 1:14)."[27]라고 덧붙였다. 결과적으로, 로이드존스는 "우리는 우리의 구원이 하나님의 영광을 가장 크고 높이 드러낸 것이라고 강조해야 한다."[28]고 주장한 셈이다. 하나님의 영광을 설교하는 것은 은혜의 복음을 선포하는 것이다.

설교자의 제일 가는 책임은 그리스도의 십자가에 나타난 하나님의 영광을 설교하는 것이다. 하나님의 영광을 밝힌다는 것은 강단에서 그의 구원의 장엄함을 제시하는 것이다. 설교의 가장 큰 목적은 죄인

---

24) Ibid.
25) Ibid.
26) Ibid., 133.
27) Ibid., 131.
28) Ibid., 132.

들을 친히 값 주고 사셔서 참 자유를 주신 예수 그리스도의 구원에 나타난 하나님의 위대하심을 보여주는 것이다.

무궁무진한 주제

로이드존스는 하나님의 무한한 영광과 같은 주제는 아무리 다루어도 다 다룰 수 없음을 알았다. 회중은 하나님의 무한한 위엄에 대해서 아무리 들어도 지치지 않는다. 그는 이렇게 외쳤다. "내가 성경의 가르침을 이해한 대로, 그리고 하나님의 본성과 존재로부터 필연적으로 보이는 대로 하나님의 영광은 하나님의 백성들이 영원히 착념해야 할 주제이다."[29]

앞으로도 세세토록 신자들은 그들의 관심과 경배를 하나님의 영광에 둘 것이다. 이 무궁한 주제의 깊이를 다 다룰 수 있는 설교자는 없다. 하나님을 설교하는 것은 너무도 방대한 작업이어서 하나님을 찾고 찾아도 다 찾아낼 수 없다. 그래서 로이드존스는 설교의 초점이, 하나님이 주실 수 있는 것보다는 하나님이 누구이신가를 선포하는 것을 우선으로 해야 한다고 주장했다.

이 점에 있어서, 로이드존스는 설교자가 불신 세상에서 하나님의 존재를 입증하려고 노력하기보다 오히려 하나님의 영광스러우심을 선포하는 데 에너지를 쏟아야 한다고 생각했다.

"성경은 하나님의 존재에 대해 논증하지 않고 선포한다. 성경은 하

---

[29] Lloyd-Jones, *Great Doctrines*, 48.

나님의 존재에 대한 증거를 제시하지 않고 전제한다."[30]고 그는 말했다. 로이드존스는 강단에 들어서면 하나님의 위대하심을 선포하는 데 전력을 다했다. 따라서 하나님께서 그의 설교에 능력을 입히신 것은 조금도 이상한 일이 아니다.

---

30) Ibid.

신학 이상으로 마틴 로이드존스의 관심을 끈 것은 없었다. 이것은 그를 몰입하게 하는 열정이었고, 그의 정신적이며 지적인 취향뿐 아니라 그의 설교와 삶의 방식을 이해는 열쇠였다.[1]

– 필립 에지쿰 휴즈

---

1) Philip Edgcumbe Hughes, "The Theologian," in Catherwood, *Chosen by God*, 162.

7장

건전한 교리에 기초한 설교

    마틴 로이드존스는 사역을 시작할 때부터 그가 "불타는 신학"[2]이라고 묘사했던 강해 설교에 전념했다. 그는 진정한 설교는 교리적인 설교라고 철저하게 믿었다. 로이드존스는 "설교는 무엇인가?"라고 묻고 이렇게 대답했다.

    "그것은 불타는 신학이다. 그래서 나는 불이 붙지 않은 신학은 결함이 있거나, 최소한 신학에 대한 이해에 결함이 있다고 주장한다. 설교는 불이 붙어 있는 사람을 통하여 나오는 신학이다."[3]

    모든 설교는 성경 본문에 제시되어 있는 특정한 교리를 제시해야 한다고 그는 주장했다. 간단히 말해서 성경적 설교는 반드시 신학에 바탕을 둔 강해여야 한다.

    로이드존스는 이 점을 이렇게 주장했다. "설교는 반드시 신학적이어야 하고 반드시 신학적 토대에 기초해야 한다. …비신학적인 유형

---

2) Lloyd-Jones, *Preaching and Preachers*, 97.
3) Ibid.

의 설교는 없다."⁴⁾ 그는 탁월한 통찰로 "인간에 대한 교리, 타락에 대한 교리, 죄와 죄에 대한 하나님의 진노에 대한 교리를 다루지 않고는 회개를 올바로 다룰 수 없다."⁵⁾고 설명했다. 성경의 모든 교리는 다른 교리와 서로 분리될 수 없게 연결되어 있다. 그래서 설교는 성경 전체를 하나의 진리 결합체로 연합하는, 그가 "교리적 확실성"⁶⁾이라 부르는 가르침을 목표로 해야 한다.

로이드존스가 이런 신학적 확신에 이른 것은 외부의 도움 없이 독자적으로 된 것이 아니었다. 그는 청교도들에게 크게 영향을 받았다. 그는 청교도들을 비판하는 사람들과는 달리 그들의 책을 실제로 읽었다. 그는 리처드 백스터의 『기독교의 지침서』(Christian Directory) 전체를 읽었고 존 오웬의 전집 역시 읽었다. 로이드존스는 청교도들의 영성이 윌리엄 틴데일에서 존 녹스로, 그리고 존 오웬을 거쳐 찰스 스펄전

---

4) Ibid., 64-65.
5) Ibid.
6) Iain H. Murray, *John MacArthur: Servant of the Word and Flock* (Edinburgh, Scotland: Banner of Truth, 2011), 28.

으로 이어진다고 믿었다. 로이드존스를 이끌어 준 것은 바로 이런 하나님 말씀 중심의 영성이었다.

로이드존스의 신학적 구조틀도 미국의 조나단 에드워즈의 영향을 크게 받은 것이다. 1929년 초 어느 날, 로이드존스는 카디프에서 기차를 기다리던 중에 시간을 내어 존 에반스의 중고 서점을 들렀다. 그는 그때를 이렇게 회고했다.

"거기 서점의 구석에서 오버코트를 입은 채 무릎을 꿇고 조나단 에드워즈의 저서 1834년 판 두 권을 발견하고는 5실링을 주고 샀다. 나는 이 두 권을 삼켰고 문자 그대로 읽고 또 읽었다. 분명 이 책들은 다른 어느 것보다도 나에게 도움이 되었다."[7]

그 이후로 로이드존스는 가르침과 교훈을 위해 거듭거듭 에드워즈의 책을 읽었다. 그는 심지어 젊은 설교자들에게 에드워즈의 글을 읽고 공부하라고 권하기도 하였다.

나의 사역 초기에, 조나단 에드워즈의 설교를 읽고 얻은 도움은 실로 엄청나다고 나의 체험을 통해 증거할 수 있다. 그리고 물론 그의 설교뿐만 아니라 18세기 미국에서 일어난 그 위대한 종교적 부흥과 그에 대한 그의 설명과 그리고 그의 위대한 신앙 감정론도 크게 도움이 되었다. 그 모든 것들이 이루 말할 수 없이 소중했던 것은 에드워즈가 영혼의 위치와 상태를 다루는 전문가였기 때문이다. 그는 다양한 영적 체험의 단계를 지나고 있는 사람들을 대상으로 사역할 때 일어나는 문제들을 매우

---

7) Murray, *The First Forty Years*, 253-54.

실제적으로 다루었다. 이것은 설교자에게 매우 소중하다.[8]

로이드존스는 조나단 에드워즈의 메시지가 기독교의 현재 상태에 가장 적합한 메시지를 전하고 있다고 믿었다. 에드워즈는 특히 로이드존스의 부흥관에 영향을 주었다. 그는 "탁월한 부흥신학자요 체험신학자로, 어떤 사람들의 말처럼 '마음의 신학자'였다."[9] 에드워즈와 관련하여 로이드존스에게 자극이 되었던 것은 "거듭난 사람과 거듭나지 않은 사람의 마음의 작용"에 대한 비교할 수 없는 지식을 겸비한 그의 "탁월한 지성"[10]이었다. 로이드존스는 "에드워즈는 상의해야 할 분이다. 인간의 마음과 인간 본성의 심리에 대한 그의 지식은 실로 비교할 수가 없을 정도이다."[11]라고 말했다.

아주 자연스럽게 로이드존스는 에드워즈의 사상과 체험을 웨일즈의 칼빈주의 감리교와 비교하게 되었다. 그 중 하나의 비교는 1763년에 웨일즈에서 나온 윌리엄 윌리엄스의 새로운 찬송책에 관한 것이었다. 로이드존스는 "사람들이 이런 놀라운 신학을 표현한 노래를 부르기 시작하면서 부흥이 일어났다."[12]고 지적하였다. 부흥을 자극한 찬송 작가인 윌리엄스의 큰 장점은, 그가 아이작 왓츠가 채택한 신학적 주제들을 찰스 웨슬리의 찬송에서 발견되는 체험들과 결합시켰다는 점이다.

---

8) Lloyd-Jones, *Preaching and Preachers*, 176.
9) Lloyd-Jones, *The Puritans*, 361.
10) Ibid.
11) Ibid.
12) Ibid., 202-3.

로이드존스에 의하면, 이 결합은 칼빈주의 감리교의 천재성의 한 부분이었다. 로이드존스에게 웨일즈의 칼빈주의 감리교는 단순한 청교도주의의 연장이 아니라 "부흥의 측면"이라는 새로운 요소를 가지고 있었다. 이 점에 비추어 볼 때, "조나단 에드워즈는 칼빈주의 감리교도라고 불려야 한다."[13]고 그는 제안하였다. 에드워즈를 이런 방식으로 분류해야 하는지는 중요한 문제가 아니다. 중요한 것은 에드워즈(로이드존스가 보기에 그는 신학 사상가들 중 최고였다.)에게 있어서 신앙은 "근본적으로 마음에 속하는"[14] 것이라는 것이다.

청교도와 에드워즈 등의 영향을 받은 결과, 로이드존스의 교리적 입장은 복음에 대한 열심과 열정으로 가득한 강력한 성경적 신학으로 굳어졌다. 이 불이 그의 설교에 불을 붙이고 그의 설교관을 형성했다. 로이드존스가 보기에 신학은 강단에서 불을 붙이는 성냥이었다.

설교의 근간

결과적으로, 로이드존스는 성경적 설교를 위해서는 설교자가 필연적으로 조직 신학을 전략적으로 파악해야 한다고 이해했다.

"설교자가 이것을 알고 이것에 철저히 근거하는 것보다 더 중요한 것은 없다. 성경에서 나온 진리의 조직체인 조직신학은 늘 설교의 근간과 지배적인 영향력으로 존재해야 한다."[15]

---

13) Ibid., 205.
14) Ibid., 357.
15) Lloyd-Jones, *Preaching and Preachers*, 66.

로이드존스가 보기에, 성경 전체를 관통하는 신학은 바로 성경의 뼈대를 형성한다. 따라서 그것이 그의 설교의 중요한 뼈대가 되어야 하며, 그가 강해하는 각 본문은 성경을 통해 검증되어야 한다고 믿었다. 다시 말해서 성경의 가르침은 나머지 성경의 가르침과 일치해야 한다고 그는 생각했다.

이안 머리는 그의 전기에서, 로이드존스는 강해 설교의 목적을 이렇게 보았다고 하였다. "단순히 어떤 구절이나 본문의 정확한 문법적 의미를 전하는 것이 아니다. 오히려 그 말씀이 전하려고 의도한 원리나 교리를 제시하는 것이다. 따라서 진정한 강해 설교는 교리적 설교이며, 하나님으로부터 인간에게 주어지는 특정한 진리를 다루는 설교이다."[16]

설교자가 어떤 본문에 있는 교리를 가르치지 않으면, 그 설교는 하나님의 능력을 듣는 사람에게 전달되지 못한다. 그러므로 로이드존스는 "성경을 공부하는 목적은 교리에 도달하려는 것이다."[17]라고 주장했다. 본문의 신학을 제시하는 것은 설교가 원하는 효과를 달성하는 데 필수적이라고 그는 말했다.

현대의 신학 혐오

로이드존스는 설교에 신학이 필요한데도 불구하고 현대 교회에는 이에 대한 저항이 있음을 알고 이렇게 말했다.

---

16) Murray, *The Life of Martyn Lloyd-Jones*, 261.
17) D. Martyn Lloyd-Jones, *Faith on Trial* (Clover, S. C.: Christian Heritage, 2008), 88.

우리는 교리에 대해 별로 많이 듣지 못하는 시대에 살고 있다. 게다가 자신들은 신학을 좋아하지 않는다고 말할 정도로 어리석은 사람들도 있다. 그것은 내가 보기에 아주 병적이고 후회 막급한 태도이다. 성경의 교리에 대한 강의나 설교는 전에는 아주 흔했지만 이제는 흔하지 않게 되었고 특히 금세기에는 더욱 그러하다.[18]

로이드존스는 이 믿음에 대한 교회의 혼동을 한탄했다. 그는 "교리가 부재하고 교리에 대한 분명한 정의가 결핍되어 있다. 누구든 자신들이 좋은 대로 말하도록 기꺼이 허용된다."[19]고 강조했다. 이런 쇠퇴를 되돌리기 위해서 로이드존스는 이렇게 강조했다.

이것은 그리스도인들이 성경의 교리를 함께 생각해야 하는, 긴급하게 필요한 때가 없었음을 의미한다. 우리는 우리가 서있는 기초를 알아야 한다. 그리고 우리를 공격하려고 오는 모든 원수와 모든 교묘한 대적과 '빛의 천사'로 가장하고 와서 우리 영혼을 파괴하려는 마귀의 모든 음모를 이겨낼 수 있어야 한다.[20]

이안 머리는 "로이드존스는 교리의 중요성을 끊임없이 따라다니는 약점이라고 생각하는 복음주의자들의 실패를 보았다."[21]고 썼다. 이

---

18) *The Christ-Centered Preaching of Martyn Lloyd-Jones*, 107.
19) Lloyd-Jones, *Great Doctrines*, 9.
20) Ibid.
21) Iain H. Murray, *Lloyd-Jones: Messenger of Grace* (Edinburgh, Scotland: Banner of Truth, 2008), 229.

것은 로이드존스가 제2차 세계대전 전의 교회를 어떻게 보았는지를 알려준다.

> 정확한 생각과 정의, 교리는 심각하게 무시를 받아왔으며, 온통 신앙을 단지 우리를 행복하게 하고 우리를 위해 뭔가 해줄 수 있는 능력으로만 강조했다. 신앙의 정서적, 감정적 측면이 지나치게 강조되었으며 지적인 면은 무시되었다. 너무나도 자주 사람들은 이것(기독교 신앙)을 단순히 온갖 질병에서 기적적으로 구해주는 것으로만 생각했다. …종종 우리는 무엇이든 필요한 것이 있으면 하나님께 구하기만 하면 채워진다는 인상을 받는다. … 우리의 신앙의 위대한 원리요 강력한 근간인 지적, 신학적 내용은 강조되지 않고 때로는 비본질적인 것으로 묵살되어 버렸다.[22]

바른 교리로 돌아가라

로이드존스는 강단은 회중에게 바른 교리를 가르쳐야 한다고 믿었다. 그렇게 하지 않으면 회중은 심각한 오류에 빠질 수 있다. 그는 이렇게 말했다.

"사람들에게 단순히 열린 성경을 주는 것으로는 충분하지 않다. 완벽하게 진지하고 성실하며 능력 있는 사람도 성경을 읽고 완전히 그릇된 것을 말할 수 있다. 우리는 성경의 교리를 정확하게 말해주어야

---

22) Martyn Lloyd-Jones, *Why Does God Allow War?* (Wheaton, Ill.: Crossway, 2003), 45-46.

한다."²³⁾

로이드존스는 사역 초창기부터 부끄러워하지 않고 당당하게 신학을 신실하게 가르쳤다. 그는 "성경을 바로 읽는다는 것은 교리를 생각해야 한다는 의미이다."²⁴⁾라고 했다. 그는 성경을 바로 강해하기 위해서는 교리적 진리를 설교해야 한다고 믿었다. 사도들의 설교에 대해 그는 "그들의 설교 방식은 교리를 선포하는 것이었다."²⁵⁾고 했다.

로이드존스는 강해에는 하나님의 영광을 드높이는 고도의 신학이론(high theology)이 포함되어야 한다고 믿었다. 그는 "성경을 대면하는 것이 우리의 역할이다. 우리가 제안하는 것처럼, 성경의 한 책을 내리 설교하는 것의 장점은 성경의 한 말씀 한 말씀 모두를 직면하게 하며, 그 말씀을 우리 앞에 두고, 그들이 우리에게 말하도록 하게 한다는 것이다."²⁶⁾라고 했다. 그는 주의깊게 그리고 성령의 조명을 받는 성경 연구를 한다면 반드시 설교해야 하는 신학적 진리를 발견하게 된다고 믿었다.

그는 진정한 설교라면 본문에 있는 교리적 진리를 반드시 강론해야 한다고 굳게 믿었다. "위대한 설교는 항상 위대한 주제에 의지한다. 위대한 주제는 항상 어느 영역에서든 위대한 말을 하게 한다. 물론 이것은 교회의 영역에서는 특히 더 그러하다. 사람들은 성경을 권위 있는 하나님의 말씀으로 믿고, 당신은 그 권위를 기초로 위대한 설교를

---

23) Lloyd-Jones, *Great Doctrines*, 8.
24) Ibid., 7.
25) Ibid.
26) Lloyd-Jones, *God's Ultimate Purpose*, 84.

한다."²⁷⁾고 그는 말했다. 그러나 교회가 신학적 명확성을 잃어버리면 강단은 즉시 그 능력을 잃어버린다.

그러나 일단 그런 일이 일어나면 사람들은 추측을 하고 이론을 만들고 가설을 세우는 등의 일을 하고, 말로 전해지는 말씀의 풍부함과 위대함은 필연적으로 기울고 시들기 시작한다. 예전에 설교가 성경의 위대한 주제들을 다루던 것과 같은 방식으로 단순히 짐작과 추측을 다룰 수는 없다. 성경의 위대한 교리에 대한 믿음이 사라지기 시작하고, 설교가 윤리 강의와 훈계로, 도덕적 고양과 정치사회적 대담으로 대치되면, 설교가 쇠퇴하는 것은 이상한 일이 아니다. 나는 이것이 이런 쇠퇴의 첫째요 가장 큰 원인이라고 본다.²⁸⁾

교회가 강해지려면 설교자가 성경에 나와 있는 신학을 종합적으로 전달해야 한다고 로이드존스는 믿었다. 이것은 바울이 "하나님의 뜻을 다 여러분에게 전하였음이라"(행 20:27)고 한 말의 의미이다. 그는 "설교자는 성경 신학에 능숙한 자여야 한다. 그러면 그것이 조직 신학으로 이어지고…성경에서 나오는 이 진리 체계는 늘 그의 설교의 배경과 지배적인 영향력으로 존재해야 한다."²⁹⁾고 강조했다. 의사가 의학을 아는 것처럼, 설교자는 바른 교리를 알아야 한다고 그는 믿었다. 로이드존스는 조직 신학에 능숙한 사람이었고, 이 지식이 그의 설교

---

27) Lloyd-Jones, *Preaching and Preachers*, 13.
28) Ibid.
29) Ibid., 66.

에 정확성과 힘을 주었다.

로이드존스가 본문을 강론할 때는 차갑고 냉랭하게 하지 않았다. 신학은 항상 설교자와 듣는 자 모두의 마음에 불을 붙여야 한다. 신학은 반드시 모든 설교의 기반이 되어야 한다. 그는 설명한다. "당신이 사람들을 그리스도께로 불러서 그들에게 그리스도를 제시할 때, 그가 누구인지, 어떤 근거에서 그들을 그리스도께로 초청하는지 등을 알지 못하면 어떻게 그럴 수가 있겠는가? 다시 말해서 이것은 모두 매우 신학적이다."[30]

로이드존스는 조직 신학의 기초가 되는 성경 신학의 중요성도 강조했다. 그는 계속해서 이렇게 말했다. "설교자는 성경 신학에 능숙해야 한다. 그러면 그것이 조직 신학으로 이어진다."[31]

강해 설교자는 성경 전체의 신학적 구조틀을 알아야 한다. 로이드존스에게는 신학의 모든 진리가 성경 전체로 이어지는 사슬의 한 고리와 같았다. 그는 이렇게 말했다.

특정 본문 안의 교리는 더 큰 전체의 일부라는 사실을 우리는 늘 기억해야 한다. 그것이 '성경을 성경으로 비교한다.'는 말의 의미이다. 우리는 어떤 본문도 따로 떼어내어 다루어서는 안 된다. 우리의 설교 준비는 모두 다 이런 조직 신학의 근간에 의하여 지배를 받아야 한다.[32]

---

30) Ibid., 64-65.
31) Ibid., 66.
32) Ibid.

로이드존스를 당시의 다른 설교자들과 구별되게 했던 것이 바로 이처럼 교리적 진리에 집중한 일이었다. 이것은 또한 로이드존스와 그의 웨스트민스터 채플의 선임자 캠벨 몰간 사이의 주된 차이였다. 그 원로 설교자는 훨씬 더 묵상적이어서(devotional) 설교할 때 일반적인 관찰과 세부 사항을 전달하는 것을 선호했다. 반면에 로이드존스는 신학에 더욱 관심을 기울였다. 로이드존스는 "강해는 청중을 교리적 확신으로 이끌어야 한다."[33]고 믿었다. 그 결과, 본문에서 나오는 바른 신학을 설교하는 데 전념했다.

로이드존스의 신학의 기초

교리 설교는 로이드존스의 성장 과정의 일부였다. 그는 처음에는 웨일즈에서 그리고 그 다음에는 런던에서 웨일즈 칼빈주의 감리교회에 소속된 교인이었다. 그의 신학은 영국과 미국 청교도의 "체험적 칼빈주의"에 의해 영향을 받았고, 그것은 그로 하여금 이전 세대의 위대한 칼빈주의 설교자의 후예가 되게 하였다. 머리는 "사람들이 로이드존스의 확신에 관하여 특별한 점을 설명할 때는 대체로 '칼빈주의'로 설명한다."[34]고 지적하였다.

한 번은 그가 자신의 설교가 다른 사람들의 설교와 다른 점이 무엇이냐는 질문을 받았을 때, 그는 다른 책들을 읽었다고 대답했다. 그의 말은 자신이 의도적으로 개혁주의 정신을 지닌 청교도들, 즉 성경

---

33) Murray, *John MacArthur*, 28.
34) Murray, *The Fight of Faith*, 193.

을 다루는 데 신학적으로 정확한 사람들의 글을 깊이 읽었다는 의미였다.

웨스트민스터 신학대학원에서 한 강의에서, 그는 그의 모든 사역은 청교도들의 작품에 영향을 받았음을 고백했다.³⁵⁾ 로이드존스는 이 영향 외에도 18세기 웨일즈, 잉글랜드, 스코틀랜드의 복음주의 부흥운동에도 신세를 졌다. 그는 자신을 다른 세계에 사는 "18세기 사람"으로 생각했다. 그는 이렇게 말했다.

> 나는 청교도들의 설교와 18세기 사람들의 설교 사이에 큰 차이가 있다고 생각한다. 나 자신은 17세기가 아니라 18세기 사람이다. 그러나 18세기 사람들이 17세기 사람들을 이용했던 것처럼, 나는 17세기 사람들을 이용한다.³⁶⁾

여기서 로이드존스가 하는 말은, 자신은 17세기 청교도들의 개혁신학을 받아들였지만, 설교할 때는 18세기 식민지 시대의 대각성과 영국의 복음주의 각성운동의 지도자들의 불 같은 방식을 사용했다는 의미이다. 그러므로 만일 우리가 로이드존스의 복음적 설교를 오직 청교도들과만 비교하면 실수하는 것이 된다. 그는 주로 복음적 부흥을 이룬 사람들의 눈으로 청교도들을 보았다.

로이드존스에게는 조지 휘트필드와 존 웨슬리와 찰스 웨슬리, 다니엘 로우랜드, 하웰 해리스 등의 본이 청교도 자신들의 본보다 훨씬 더

---

35) Lloyd-Jones, *The Puritans*, 152.
36) Lloyd-Jones, *Preaching and Preachers*, 120.

중요했다.[37]

그는 복음적 부흥을 불붙이는 데 강력하게 영향을 끼친 칼빈주의 감리교가 있는 웨일즈 지역 출신이었다. 로이드존스가 성장했던 랑게이토 마을의 칼빈주의 감리교회 근처에는 다니엘 로우랜드의 동상이 있었다. 로이드존스는 에버라본에 있는 칼빈주의 감리교회 목사로 있을 때, 교인들로 답사팀을 조직하여 이 동상과 웨일즈 감리교 각성의 유적지들을 둘러보았다. 그가 바라던 것은 이와 유사한 설교의 불꽃으로 또 한 번의 부흥이 일어나는 것이었다. 그는 이들 칼빈주의 감리교회 순회 설교자들의 강단 사역을 본받았다.

이들 칼빈주의 감리교 설교자들의 영향은 로이드존스가 아직 십대일 때, 그의 역사 선생님이 한 책자를 그의 주머니 속에 찔러 줌으로 시작되었다. 그 책은 18세기 웨일즈의 위대한 복음전도자 하웰 해리스의 사역에 관한 것이었다. 이 책은 결국 그의 회심에 기여했을 뿐 아니라, 그 이후에도 복음적 설교가 어떠해야 하는지에 대해 그의 마음에 강한 인상을 심어주었다. 그의 사역 기간 내내, 초기 칼빈주의 감리교도의 신학과 방법론은 하나님의 말씀 선포의 기준으로 남아있었다.

성경과 마주하라

로이드존스는 설교자들에게 이렇게 충고한다. "우리의 일차적 소명

---

37) 그가 연례 청교도 및 웨스트민스터 대회에서 한 강의의 대부분은 청교도에 대한 직접적인 것이 아니라 청교도들의 영향을 받은 18세기 사람들(예를 들어, 조지 휘트필드, 하웰 해리스, 윌리엄 윌리엄스 등)에 관한 것이었다. 참조 Lloyd-Jones, *The Puritans*.

은 이 모든 메시지, '하나님의 모든 계획'을 전달하는 것이다."[38] 그는 설교자가 하나님을 선포하기 위해서는 성경에 대한 철저한 신학적 이해를 위해 매진해야 한다고 믿었다. 설교자는 신학의 흐름들을 알고 있어야 한다고 생각했다. 그러므로 신학은 그의 설교의 굳건한 토대였다. 그는 말한다.

> 성경의 교리들은 단순히 연구의 대상이 아니다. 오히려 우리가 그것을 알려고 하는 이유는 그것을 알고 난 다음 지식을 '자랑'하고 우리의 지식에 대해 흥분하려는 것이 아니라 예배와 찬양과 경배로 하나님께 더 가까이 나아가기 위함이다. 이전보다 더 완전하게 우리의 놀라운 하나님의 영광을 보기 때문이다.[39]

로이드존스는 신학 그 자체를 목적으로 여기지 않았다. 오히려 신학의 목적은 하나님의 광대하심과 놀라우심을 아는 것이었다. 강해자들이 신학을 공부하는 것은 하나님을 알아서 놀라움과 사랑과 찬양에 빠지기 위한 것이 되어야 한다. 그에게는 신학이 결코 차갑고 건조하여 냉담한 것이 아니었다. 신학은 성경의 권위로 선포되면 생동력 있고 삶을 변화시키며 변혁을 일으킨다. 우리 역시 하나님을 알고 다른 사람들이 하나님을 더 잘 알 수 있도록 돕기 위한 신학을 해야 한다.

---

38) Lloyd-Jones, *Preaching and Preachers*, 67.
39) Lloyd-Jones, *Great Doctrines*, 10.

"우리의 메시지가 성경으로부터 나온다는 사실을
사람들에게 명확하게 해야 한다.
우리는 성경과 성경의 메시지를 전한다.
그것이 우리의 메시지의 기원이다."

마틴 로이드존스는 20세기 영어권 복음주의에서 가장 큰 영향을 끼친 인물 가운데 한 사람이었다. ⋯은혜 교리에 대한 그의 명확한 이해와 과거 특히 하나님의 영광이 크게 드러났던 18세기 부흥운동 시대에 대한 열정과 그의 탁월한 설교는 그로 복음주의적이며 체험적인 칼빈주의의 회복과 확신에 결정적인 영향을 끼친 사람이 되게 했다.[1]

— 마이클 헤이킨

---

[1] Michael A. G. Haykin, "From the Editor," *Eusebeia* 7 (Spring 2007): 3.

8장

개혁주의 신학에 입각한 설교

 교리적으로 볼 때, 로이드존스의 성경 강해는 분명히 개혁주의적이었다. 많은 사람들은 이를 칼빈주의라고 한다. 그가 금요일 저녁에 설교한 성경의 위대한 교리와 로마서 공부를 보면, 더 이상 살펴보지 않아도 그가 성경을 근본적으로 개혁주의적인 입장에서 이해했음을 알 수 있다. 주일 아침에 한 에베소서 설교도 마찬가지이다. 여기서 그의 강단 사역의 진정한 깊이와 강점을 쉽게 찾아볼 수 있다.

 이런 뜻에서, 이안 머리는 "사람들은 확신 면에서 로이드존스의 차이점을 설명하려고 할 때는 대체로 그를 '칼빈주의'로 구별한다. …로이드존스는 소위 칼빈주의라고 불리는 신학적 관점의 회복이 근본적으로 필요하다고 믿었다."[2]

 머리는 "그것이 필요한 것은 그것이 성경적이기 때문이요, 복음이 사랑과 인간의 행복에서 시작하지 않고 어떻게 하나님과 그의 영광에서 시작되는지 보여주기 때문이다."[3]라고 설명했다.

---

2) Murray, *The Fight of Faith*, 193.
3) Ibid.

로이드존스는 성경적인 것은 무엇이든 믿었다. 나아가 믿는 것이면 무엇이든 설교했다. 이것은 강해 전체가 성경적 칼빈주의의 특질이 강력함을 의미한다. 그러나 꼭 짚고 넘어가야 할 것은 "그의 설교에서는 '칼빈주의 5대 강령' 등과 같은 제목은 전혀 발견되지 않는다."[4]고 머리는 말했다.

로이드존스는 자신이 설교하는 교리에 제목을 붙이지 않고 단순히 성경 본문을 설명하는 편을 택했다. 머리는 이렇게 지적했다. "그는 교리를 제시하는 가장 좋은 방법은 성경 본문을 가르치는 것이라고 믿었다. 설교자의 관심은 교인들이 교리 이름이나 명칭을 아는 것이 아니라 하나님의 말씀을 영적으로 이해하는 것이어야 한다고 믿은 것이다."[5] 교리적으로 충실한 그의 설교를 듣는 사람들은 누구나 그의 신학이 칼빈주의적 색채를 띠고 있음을 알아챌 수 있었지만 그는 강단에서 그런 명칭을 붙이지 않았다.

---

4) Murray, *Messenger of Grace*, 232.
5) Ibid.

그는 은혜 교리를 믿었지만, 칼빈주의 5대 강령 각각의 중요성이 동일하다고 믿지 않았음을 강조할 필요가 있었다.[6] 한 예로, 머리에 의하면, "불신자에게 설교할 경우, 그는 5대 강령의 일부는 전혀 두드러지게 나타나지 않는다고 생각했다."[7]

로이드존스는 불신자들에게 복음을 설교할 때는 전적 부패 교리를 특히 강조했지만 무조건적 선택 교리를 전혀 따르지 않았다. 그는 그렇게 가르치는 것은 잘못이라고 생각했다. 그는 칼빈주의 5대 강령에 대한 증언은 사람들이 그리스도를 믿고 하나님의 말씀을 아는 지식이 성장했을 때 이루어져야 한다고 믿었다. 5대 강령을 믿는 것은 구원의 전제 조건이 아니다. 구원의 유일한 전제 조건은 죄에 빠져있는 자신의 상태와 칭의의 유일한 소망으로 그리스도께 믿음으로 매달릴 필요를 인정하는 것이다.

로이드존스는 비록 강단에서 신학이나 교리를 설명할 때 신학적 명칭을 사용하지는 않았지만, 은혜 교리를 성경에서 가르치는 것으로 믿고 받아들임을 확언하였다. 1944년 6월 25일 웨일즈에서 BBC를 통해 이루어진 라디오 연설에서 로이드존스는 제네바의 위대한 개혁자 존 칼빈의 하나님 중심 신학을 설교하였다.

칼빈의 주된 특징은 모든 것을 성경에 기초한다는 것입니다. …그는 성경에서 나오는 것이 아닌 철학은 전혀 원하지 않았습니다. …그에게 가장 중심이 되고 무엇보다 중요한 진리는 하나님의 주권과 하나님의 영

---

6) Ibid.
7) Ibid.

광입니다. 우리는 여기에서 시작해야 합니다. 다른 모든 것이 여기에서 나옵니다. 세상을 창조하신 것은 하나님이 자신의 자유로운 뜻과 그의 무한한 지혜에 따라 하신 것입니다. …만일 하나님이 일부를 구원하도록 그것도 무조건적으로 선택하지 않으셨다면 모든 사람이 잃어버린 바 되었을 것입니다. 이 사람들이 구원받을 수 있는 것은 오직 그리스도의 죽음을 통해서입니다. 그리고 하나님이 성령으로 그의 불가항력적 은혜를 통해 그들의 눈을 열어주고 그들이 그 제안을 받아들이도록 설득하지 않았다면 그들은 그 구원을 알거나 받아들이지 못했을 것입니다. 그리고 그 후에도 하나님은 그들이 떨어지지 않도록 붙드시고 지켜주십니다. 그러므로 그들의 구원은 그들 자신과 그들의 능력에 의지하지 않고 오직 하나님의 은혜에 의지하기 때문에 확실합니다.[8]

칼빈은 주권적 은혜 교리가 하나님께 가장 큰 영광을 돌린다고 이해했다. 로이드존스는 확신있게 다음과 같이 이야기했다.

"여러분과 저의 구원의 모든 목적은 우리가 아버지께 영광을 돌리는 것입니다. 오, 우리가 이것을 이해할 수 있다면! …우리의 구원의 궁극적 목적과 목표는 우리가 하나님을 영화롭게 하는 것입니다."[9]

이런 진리를 선포해야 한다. 그것이 하나님을 높이고 인간을 낮아지게 하기 때문이다. 로이드존스가 이런 위대한 교리들을 전한 것은 그것이 하나님의 이름의 영광스러움을 전파하기 때문이었다.

---

8) Lloyd-Jones, *Knowing the Times*, 35-36.
9) D. Martyn Lloyd-Jones, *The Assurance of Our Salvation: Exploring the Depth of Jesus' Prayer for His Own; Studies in John 17* (Wheaton, Ill.: Crossway, 2000), 46-47.

이런 하나님 중심의 진리들은 그의 설교에 능력을 주고 그의 복음전도 열정을 부채질했다. 그의 강단의 역동성을 이해하기 위해서는 그가 전략적으로 이런 성경적 진리들을 붙들었다는 사실을 이해하는 것이 중요하다.

전적 부패

로이드존스는 근본적인 부패로도 알려진 전적 부패 교리를 확신했다. 그는 강해자가 하나님의 구원의 기쁜 소식을 전할 수 있으려면, 먼저 인간의 정죄에 관한 나쁜 소식을 전해야만 한다고 이해했다. 인간의 죄라는 검은 벨벳 바탕이 깔린 후에 비로소 하나님의 주권적 은혜라는 반짝이는 다이아몬드가 찬란하게 빛나게 되는 것이다. 로이드존스는 이 교리를 확고하게 붙들었기에 이것이 없이는 누구도 하나님의 은혜를 제대로 이해할 수 없다고 믿었다. 그는 "만일 성경의 죄 교리에 대해 명확하게 알지 못하면 그 사람은 구속에 대한 성경의 가르침을 진정으로 이해할 수 없다."[10]고 했다.

전적 부패의 교리는 아담의 원죄, 즉 인류에게 죽음을 가져 온 불순종 행위에 대한 가르침에서 시작한다. 이 최초의 부부가 금지된 나무의 열매를 따 먹었을 때, 즉시 죄가 그들과 하나님을 분리시켰다. 죄악은 그들의 본성 전체에 퍼졌다.

---

10) D. Martyn Lloyd-Jones, *God's Way of Reconciliation* (Grand Rapids, Mich.: Baker, 1972), 14.

우리가 듣게 되는 첫 번째 사실은 아담과 하와가 자신의 육신을 의식하게 되었다는 것이다(창 3:7). 이것은 특별한 일이다. 사람이 처음 하나님에 의하여 만들어졌을 때는 자신의 몸을 전혀 의식하지 않았다(창 2:25). 이 남자와 여자는 벌거벗었다. 그러나 그것이 그들에게는 전혀 문제가 되지 않았다. 그러나 그들이 죄를 범하는 순간, 그들이 타락한 순간, 부끄러움으로 발전되었고 무화과나무 잎으로 몸을 가리려 하였다.[11]

이런 범죄의 결과, 죄가 인류 전체에 전가되었다. 이 원죄는 모든 인간을 하나님의 심판 아래 있는 범죄한 자가 되게 하였다. 로이드존스는 "아담이 그 죄를 범했을 때, 우리는 그 죄를 범하지 않았지만, 그 죄가 우리 모두에게 전가되었다."[12]고 설명했다. 아담이 타락한 결과 전 인류가 정죄를 당하게 된 것이다.

나아가 로이드존스는 모든 사람이 죄로 부패한 본성을 가지고 태어난다고 주장했다. 부패는 전 존재에 퍼졌다. 인간의 생각이 어두워졌고 마음이 파산하였으며 의지가 속박되었다. 그는 이렇게 말했다.

왜 인간은 죄를 선택하는가? 그 대답은 인간이 하나님으로부터 떨어져 나갔기 때문에, 그 결과 그의 본성 전체가 왜곡되고 악하게 되었다는 것이다. 인간의 모든 성향이 하나님으로부터 멀어졌다. 인간은 본성적으로 하나님을 미워하고 하나님이 자기를 반대한다고 느낀다. 인간의 하나님은 자기 자신이요, 자기 자신의 능력과 힘이요, 자기 자신의 소원이

---

11) Lloyd-Jones, *Great Doctrines*, 185.
12) Ibid., 198.

다. 인간은 하나님의 모든 생각과 하나님이 그에게 요구하시는 모든 명령을 거스른다. …나아가 인간은 하나님이 금하시는 것을 좋아하고 탐내며 하나님이 요구하시는 것이나 삶은 싫어한다. 이런 것은 단순히 교리적인 말이 아니다. 그것은 사실이다. …이것만이 오늘날 널리 퍼져 있는 삶의 도덕적 혼란스러움과 추함을 설명해준다.[13]

로이드존스가 보기에는 이것이 황폐화한 세상을 올바로 설명할 수 있는 것이었다. 인류의 진정한 문제는 좀 더 나은 환경이 아니다. 인간의 사회적, 정치적, 경제적 문제를 해결하는 것도 아니다. 세상의 문제는 인류의 영적 파산에 있다는 것이 그의 생각이었다. 그는 이렇게 말했다.

만일 이런 성경의 죄 교리를 이해하지 않으면, 지금의 이 세상의 삶을 이해할 수 없다. 나는 여기서 더 나아간다. 나는 이것이 아니면 전쟁과 분쟁, 정복, 재앙을 비롯한 인간 역사의 모든 것들을 이해할 수 없다고 본다. 나는 성경의 죄 교리가 아니면 적절한 설명이 불가능하다고 주장한다. 세상의 역사는 타락하여 죄 가운데 있는 인간이라는 이 위대한 성경의 교리에 비추어 볼 때만 진정으로 이해될 수 있다.[14]

로이드존스는 인간이 그의 타락한 본성으로 인해 잃어버린 바 되고

---

13) D. Martyn Lloyd-Jones, *The Plight of Man and the Power of God* (Grand Rapids, Mich.: Eerdmans, 1945), 87.
14) Lloyd-Jones, *God's Way of Reconciliation*, 15.

완전히 부패했다고 확신하였다. 인간은 도덕적 무능에 사로잡혔고 따라서 자신을 구원하거나 하나님을 기쁘시게 하는 삶을 살 수 없다. 인간은 죄 가운데 죽어 있기 때문에 스스로 하나님 앞에 의로워질 수 없다.

무조건적 선택

로이드존스는 무조건적 선택 교리를 선포했다. 이 성경적 진리는 인간의 부패와 분리불가능하게 연결되어 있다. 인간의 의지는 영적으로 죽어 있고 도덕적 무능과 결합되어 있기 때문에, 인간은 스스로 하나님을 선택할 수 없다. 그러므로 어떤 사람이 멸망에서 구원을 받으려면 하나님이 주권적 의지를 사용하여 구원해주셔야 한다.

로이드존스는 이 타락한 인간들 가운데서 하나님이 구별된 선택을 하셨다고 주장했다. 하나님께서 창세 전에 주권적으로 한 백성을 구원하기로 결정하셨다. 따라서 그는 "교회는 선택받은 자들의 집합"[15]이라고 했다. 만일 하나님이 일부를 영원히 선택하지 않으셨다면 어느 누구도 구원을 받지 못했을 것이다.

로마서 9장 10-13절을 강해하면서, 로이드존스는 하나님께서 스스로 자신을 위하여 특별한 백성을 구원하기로 선택하신 성경의 사례를 설명했다. 그는 이렇게 선포했다.

하나님께서 이 선별과 선택의 과정을 수단으로 하여 그의 뜻을 실천하

---

[15] Lloyd-Jones, *Knowing the Times*, 35.

고 실행하는 이유는 단 한 가지, 그의 뜻과 계획이 분명하고 확실하며 실수 없이 실천되고 실행되어 결실하기 때문이다. "택하심을 따라 되는 하나님의 뜻이…서게 하려 하사"(롬 9:11). 이것은 우리를 전혀 의지하지 않고 오직 하나님 자신과 그의 성품, 그의 행위를 의지한다.[16]

로이드존스는 강단에서 하나님의 영원한 선택은 인간의 내재적 공로나 선행 또는 예견된 믿음에 기초하지 않는다고 설교했다. 인간은 근본적인 부패의 결과로 구원 얻는 믿음의 행위를 자발적으로 할 수 없다. 인간의 전적 부패 때문에 하나님이 구원하기 원하시는 자를 주권적 선택을 통하여 구원하는 것이 필요하게 된다.

인간은 본성적으로 하나님을 거스른다. 인간이 이렇게 행하는 것은 타락의 결과이다. 마귀의 제안을 듣고 하나님으로부터 떨어져나갔기에, 인간은 '하나님의 진노' 아래 있다. 누가 이 난국에서 빠져나오겠는가? 그 대답은 하나님께서 그런 사람을 선택하셔서 거기에서 구출되어 구원에 이르게 하셨다는 것이다.[17]

로이드존스는 하나님의 선택을 받은 사람들이, 다른 어떤 것도 아니라 오직 하나님의 기쁘신 뜻에 따라 선택되었다고 믿었다. "우리가 하나님에 의해 선택된 것은 단순이 그 자신이 기뻐하신 결과, 성경의

---

[16] D. Martyn Lloyd-Jones, *Romans: Exposition of Chapter 9; God's Sovereign Purpose* (Edinburgh, Scotland: Banner of Truth, 1991), 129.
[17] Lloyd-Jones, *God's Ultimate Purpose*, 83.

표현을 빌리자면 '그 기쁘신 뜻대로' 된 것이다. 그러므로 우리가 행하거나 말하거나 생각한 것과는 전혀 상관이 없다."[18] 또 그는 "우리가 하나님의 원수요 낯선 자요, 심지어 미워하는 자라는 사실에도 불구하고 그의 기쁘신 뜻대로 하나님의 선택을 받았다."[19]고 하였다. 에베소서를 보면, 이것은 "우리가 그리스도인이 되는 방법을 보여주기 위해 바울이 선택 교리를 첫째로 놓는"[20] 이유이다.

로이드존스는 주권적 선택의 진리를 이해하면 다른 많은 교리들이 분명하게 보인다고 믿었다. "이 교리에 비추어 보면, 우리는 하나님의 구원 계획을 가장 분명하게 이해할 수 있다. 만일 하나님의 구원 계획이 인간이나 인간의 선택을 의지한다면 분명히 실패했을 것이다. 그러나 처음부터 끝까지 하나님을 의지한다면 그것은 확실하게 된다."[21]

로이드존스는 이 선택의 진리를 통해 모든 은혜가 하나님의 주도하심에서 비롯됨을 알게 되었다. "하나님의 손이 나를 붙드시고 나를 끌어내시고 구별하셨다. …나의 나 된 것은 하나님의 은혜 때문이다. 그래서 나는 모든 영광을 하나님께 돌린다. 만일 나의 미래가 나 자신과 나의 결정에 달려있다고 믿는다면 나는 두려움에 떨 것이다. 그러나 하나님께 감사하는 것은 내가 그의 손 안에 있음을 알기 때문이다."[22] 하나님이 어떤 사람을 주권적으로 선택하신 일은 영원 전에 일어났

---

18) Ibid.
19) Ibid.
20) Ibid., 92.
21) Ibid.
22) Ibid.

다. "나는 시간이 시작되기 전, 세상의 기초가 세워지기 전에 그가 나를 바라보시고 나를 선택하셨고 그의 마음으로 나를 그리스도께 주셨음을 안다."[23]

로이드존스는 에베소서 1장 4절을 설교하면서, 하나님의 주권적 선택에 대한 믿음은 강단에서 복음전도 사역을 할 필요가 없게 하지 않는다고 주장했다. 오히려 이것은 우리로 하여금 복음을 전파하게 만든다. 이것을 설명하기 위해 그는 농부의 예화를 들었다. 농부가 먼저 씨를 뿌리면 하나님께서 씨의 싹을 틔우고 생명이 생기게 하신다는 것이다. 이와 마찬가지로, 설교자가 먼저 좋은 말씀의 씨를 뿌리면 하나님은 이 말씀이 선택받은 자의 마음에 뿌리를 내리게 하신다. 그는 이렇게 설명했다.

> 사람들은 종종 이 신적 선택과 선발 교리가 복음전도나 복음 설교 또는 사람들에게 회개하고 믿으라는 권면, 그리고 그렇게 하라고 설득하고 토론할 여지를 남겨두지 않는다고 주장한다. 하지만 여기에는 모순이 없다. 그렇게 주장하는 것은 마치 하나님이 가을에 옥수수 열매를 주시기 때문에 농부는 쟁기질하고 이랑을 만들고 씨를 뿌릴 필요가 없다고 말하는 것과 마찬가지이다. 그 대답은 하나님이 이 두 가지를 모두 정하셨다는 것이다. 하나님은 복음전도와 말씀 설교를 수단으로 그의 백성들을 불러내기로 하셨다. 그는 목적뿐 아니라 수단까지도 정하셨다.[24]

---

23) Ibid.
24) Ibid., 90.

주권적 선택의 교리는 로이드존스가 복음 설교를 통해 복음전도 사역을 하도록 큰 확신을 주었다. 그는 선택에 대한 성경의 가르침이 자신의 복음 설교의 성공을 보장한다고 깨달았다. 이 진리는 그가 강단에서 복음을 전하는 노력을 약화시키지 않고 오히려 담대하게 전하도록 만들었다.

제한적 속죄

로이드존스는 제한적 속죄 교리를 지지했다. 이 진리는 그리스도께서 아버지에 의해 선택된 자들을 위하여 독점적이며 효과적으로 죽으셨다고 가르친다. 그는 단지 십자가 위에서 인류가 구원받을 가능성을 만드신 것이 아니라, 실제로는 자신이 대신하여 죽은 모든 사람들의 구원을 보장하셨다. 이 개혁주의의 교리는 그의 영혼에 불을 붙였고 그의 설교에 기름을 부었다.

제한적 구속으로도 알려진 이 입장은, 그리스도께서 실제로 어떤 특별한 사람들을 구원하기 위해 죽으신 것이 아니라 모든 사람들의 구원을 위해서 죽으셨다는 아르미니우스파의 견해와는 반대가 된다. 로이드존스는 보편적 구속이라는 비정상적인 견해를 열렬하게 배격했다. 에베소서 5장 25절에 대한 설교에서, 그는 그리스도는 "교회를 위하여 죽으셨다. 다른 이들을 위하여 죽은 것이 아니다."라고 밝혔다. 로마서 3장 25을 설교할 때는, 그리스도의 십자가가 주는 구원의 은혜는 그를 구주와 주로 믿는 구원 얻는 믿음을 갖는 사람들에게 주어진다고 확신하였다. 그리스도의 십자가 죽음은 오직 그를 믿는 자들만을 위한 것이다.

그의 생명이 죽음에 부어졌다. 그는 하나님의 어린양이시다. 그는 우리의 대속제물이시다. 그는 우리를 위해, 우리의 죄를 위해 죽으셨다. "그가 채찍에 맞음으로 우리가 나음을 입었도다." 이것은 누구에게 해당되는가? 이것은 그를 믿는 사람 모두(그리고 오직 그들에게만)에게 해당된다. "이 예수를 하나님이 그의 피로써 믿음으로 말미암는 화목제물로 세우셨으니." 이것은 모든 사람에게 해당되지 않는다. 이것은 그를 믿는 사람들에게만 적용된다. …이 거대한 속죄는 우리의 것이며 오직 믿음으로만 우리의 것이 된다.[25]

로이드존스는 그리스도를 믿는 사람들을 위해 그리스도께서 죽으셨음을 추호의 흔들림도 없이 분명하게 믿었다. 그리스도께서 죽으신 것은 오직 이들을 위해서였다. 로마서 8장 28-30절에 대한 설교에서, 로이드존스는 이 진리를 더 분명하게 말했다.

하나님께서 그의 독생자를 이 세상에 보내신 목적은 그의 구원 계획이 실패하지 않게 하기 위함이었음을 이해해야 한다. 그것은 어떤 면으로든 그릇되거나 부족할 수 없다. 하나님께서는 자기 백성을 택하시고 그들에게 자기 아들을 주셨다. 따라서 아들은 아버지의 명령에 따라 그들을 위해 이 일을 하려고 세상에 오셨다고 말씀하셨다. 그것은 실패할 수

---

[25] D. Martyn Lloyd-Jones, *Romans: Exposition of Chapter 3:20-4:25; Atonement and Justification* (Edinburgh, Scotland: Banner of Truth, 1970), 93.

없다. 그렇지 않으면 하나님의 영광이 입증되지 않고, 마귀는 여전히 의기양양해할 것이다.[26]

이런 진술을 근거로 볼 때, 로이드존스는 보편적 구속 교리가 아닌 제한적 구속 교리를 설교했음이 분명하다. 그리스도는 선택받는 자 모두를 위해 죽으셨다. 만일 그가 선택받지 않은 자들을 위해서도 죽으셨다면, 마귀가 십자가의 사역을 이기고 승리했을 것이라고 로이드존스는 추론했다.

로이드존스에게는 십자가가 복음의 핵심이었다. 요한복음 17장 10절을 설교하면서, 그는 이렇게 선포했다.

십자가는 우리가 영광스럽게 해야 할 유일한 것이다. 나는 거기서 어떤 일이 일어났는지를 인식하고 있으며, 또한 하나님의 아들이 지상에 내려와 십자가로 간 것은 나로 하여금 죄 사함을 얻게 하고 하나님의 자녀가 되게 하려는 것이었음을 안다. 그를 믿음으로, 나는 그를 영화롭게 하며 그렇게 되기를 소망한다.[27]

속죄에 대한 로이드존스의 견해는, 당시 많은 사람들의 견해와 극명하게 대조되었다. 여기에는 1977년, 로이드존스를 이어 웨스트민스터 채플의 목사가 된 R. T. 켄달이 포함된다. 켄달은 칼빈과 로이드존

---

26) D. Martyn Lloyd-Jones, *Romans: The Perseverance of the Saints; Exposition of Chapter 8:17-39* (Grand Rapids, Mich.: Zondervan, 1975), 361.
27) Lloyd-Jones, *The Assurance of Salvation*, 274.

스가 보편적 속죄를 가르쳤다고 주장했다.

하지만 이안 머리는 로이드존스가 이 문제에 대해 침묵한 것은 자신의 후임자에게 논쟁을 제공하지 않기 위해서라고 주장함으로써 이것을 반박했다. 머리는 "마틴 로이드존스는 어떤 공적 논쟁에 대해서도 반대했다. 비록 그는 개인적으로 보편적 속죄가 아니라 제한적 속죄를 굳게 믿었어도 그러했다."[28]고 썼다. 또 그는 "그가 절대로 원하지 않았던 것은 다 같은 칼빈주의 신앙을 가진 것으로 여겨지는 사람들 사이의 불화였다."[29]라고 덧붙였다. 아무튼 로이드존스는 제한적 속죄라는 성경의 교리를 굳게 믿었다.

불가항력적 은혜

로이드존스는 불가항력적 은혜 교리를 지지했다. 이것은 선택받은 죄인들에게 죄를 깨우치고, 부르시며, 이끄시고, 중생케 하시는 성령의 주권적 사역에 대한 성경의 가르침이다. 이 유효한 역사는 아버지께서 선택하시고 아들이 값 주고 사신 사람들에게 구원 얻는 믿음을 준다. 영원 전에 아버지께서 선택하시고 아들이 대신하여 죽은 사람들에게 성령께서는 예수 그리스도를 믿는 믿음을 가져다주신다. 아버지께서 선택하시고 아들이 대신하여 죽은 사람들은 믿고 거듭나지 않은 일이 없다. 성령께서는 이 선택받은 자들에게 회개와 믿음을 주심으로써 그들이 확실하게 그리스도께로 회심하게 한다.

---

28) Murray, *The Life of Martyn Lloyd-Jones*, 723.
29) Ibid.

이 불가항력적 부르심에 대한 성경의 가르침을 로이드존스는 이렇게 요약했다.

> 인간은 타락한 피조물로 그 마음이 하나님과 원수 된 상태에 있다. 인간은 자신을 전혀 구원할 수 없으며 하나님과 재결합할 수도 없다. 만일 하나님께서 일부를 그것도 무조건적으로 선택하여 구원하지 않으시면 모든 사람이 멸망할 것이다. 오직 그리스도의 죽음을 통하여 이 사람들의 구원이 가능하게 된다. 그리고 만일 하나님이 성령 안에서 불가항력적 은혜를 통하여 그들의 눈을 여시어 그 제안을 받아들이도록 설득하지(강제하는 것이 아님) 않으신다면 그들은 그 구원을 알거나 받아들이지 않는다.[30]

성령의 유효한 부르심에는 중생 교리가 포함된다. 1951년 7월 영국 웨일즈 서쪽 해안 도시인 보스에서 열렸던 제3회 기독학생회 웨일즈 수련회에서, 로이드존스는 하나님의 주권에 대해 세 차례 강의를 했다. 세 번째 강의에서, 그는 무조건적 선택 교리가 중생 교리와 서로 불가분의 관계에 있다고 말했다.

> 어떤 사람들은 선택을 중생과 별도로 논의해야 한다고 고집한다. 그러나 중생에 대한 진리는 전체 주권 교리에 중요하고 핵심적이다. 한 사람이 그리스도인이 되면 그는 새로운 피조물로 거듭난다. 자연인은 거듭나지 못한다. 그는 하나님과의 관계 면에서 원수요 이방인이다. 그는 이

---

30) Lloyd-Jones, *Knowing the Times*, 35.

런 진리를 이해할 수 없다. 만일 그가 이것을 이해할 능력이 있다면 중생할 필요가 없을 것이다. 우리는 인간의 상태를 생명과 사망을 기준으로 생각해야 한다.[31]

다시 말해서, 로이드존스는 자연인은 영적으로 죽어 있다고 확신했다. 성령의 중생케 하는 능력이 없는 한, 죄인 안에는 그리스도를 부를 수 있게 하는 것이 없다. 중생하지 못한 사람에게는 그리스도를 믿을 만한 능력이 없다는 사실은 하나님의 유효한 부르심을 그토록 중요하게 만든다. 오직 성령의 역사를 통해서만 절망적으로 잃어버린 바 된 사람이 거듭나 그리스도를 믿을 수 있게 된다. 로이드존스는 이렇게 밝혔다.

성령께서 사람의 영혼과 마음에 내적으로 작용하심으로써 부르심이 효력을 나타내게 된다. 그리고 성령께서 그 일을 하실 때는 물론 절대적으로 확실하게 된다. …성령께서는 내 안에 한 원리를 심으셔서 그것이 나로 하여금 내 인생 처음으로 이 영화롭고 놀라운 진리를 분별하고 이해할 수 있게 한다. 그는 나의 의지에도 역사하신다. "너희 안에서 의지를 갖게 하고 행하게 하시는 이는 하나님이시다"(빌 2:13 직역). 그는 나를 치거나 때리지 않으신다. 그는 나를 위협하지도 않으신다. 그렇다. 하나님 감사합니다. 하나님이 하시는 일은 내 의지에 역사하셔서 내가 그것을 원하고 즐거워하며 사랑하게 하는 것이다. 그가 인도하시고 설득하시며 내 의지에 역사하실 때는 복음의 부르심이 효과를 나타내도록 하시며

---

31) Murray, *The Life of Martyn Lloyd-Jones*, 243-44.

분명하고 확실하게 하신다. 하나님의 역사는 결코 실패하지 않는다. 그래서 하나님이 사람 안에서 역사하시면 그 역사는 유효하다.[32]

불가항력적 은혜는 성령께서 인간의 의지를 무시하고 강요하시는 것이 아니다. 로이드존스는 성령께서 역사하셔서 인간의 의지가 변화되고 그가 그리스도를 믿게 된다고 이해했다. 하나님은 영적으로 죽은 죄인에게 새 생명을 주시고 그의 의지의 성향을 변화시키신다. 그러면 갑자기 그리스도가 이 사람에게 불가항력적인 분이 되어 예수님을 믿음으로 받아들인다. 이런 성령의 강력한 역사에 대한 확신은 로이드존스가 복음전도에 헌신하도록 동력을 주었고 그의 복음 설교가 성공하게 만들었다.

견인의 은혜

로이드존스는 흔히 성도의 견인이라고도 알려진 견인의 은혜를 확신했다. 이 성경의 진리는 그리스도를 진실로 믿는 신자는 은혜로부터 결코 떨어지지 않는다고 가르친다. 하나님께서 그리스도를 믿는 모든 사람의 믿음을 붙들어주신다. 로이드존스는 "그들을 붙드시고 지켜주시는 분은 하나님이시다. 그러므로 그들의 구원이 확실한 것은 그것이 그들 자신이나 그들의 능력이 아니라 하나님의 은혜에 의지하기 때문이다."[33]라고 했다. 신자의 구원을 지켜주는 것은 신자 자신이

---

32) D. Martyn Lloyd-Jones, *God the Holy Spirit* (Wheaton, Ill.: Crossway, 1997), 73.
33) Lloyd-Jones, *Knowing the Times*, 35.

그리스도를 붙들기 때문이 아니라 그리스도께서 신자를 붙들어주시기 때문이다.

로마서 8장 28-30절 설교에서, 로이드존스는 진정한 그리스도인은 구원에서 떨어질 수 없다고 확언했다. 그는 이렇게 선언했다.

> 우리는 단순히 구원받거나 단순한 신자가 아니다. 하나님이 우리에게 이런 일을 해주셨다. 하나님은 우리에게 새 생명을 주셨을 뿐 아니라 우리를 그리스도와 '연합되게' 하셨다. 우리는 풀어질 수 없는 줄로 그리스도와 묶여졌다. 우리가 참된 그리스도인에 대해 말하는 모든 것은 그리스도인이 결코 떨어져나갈 수 없게 만든다. 교회로부터 떨어져나갈 수 있는 유일한 사람은 일시적 신자, 거짓 고백자, 단순히 지적이고 일시적인 믿음만을 가진 사람들이다. 그러나 새 생명을 받은 사람들은 '신의 성품에 참여한 자'이며 '그리스도 안에' 있는 자로서 이 말의 정의상 떨어져 나갈 수가 없다.[34]

그리스도인이 떨어져나갈 수 있고 신자이기를 중단할 수 있다고 말하는 것은 구원에 있어서 하나님의 주권적인 은혜의 포괄적인 본질을 오해한 것이다. 이 설교에서, 로이드존스는 "우리가 그리스도인에 대해(신자에 대해) 말하는 모든 것은 이미 '성도의 최종적 견인'이라는 필연적인 함의를 가지고 있다."[35]고 하였다. 이 견인의 은혜라는 진리를 부정하는 것은 은혜의 본질 그 자체를 부정하는 것이라고 그는 주장

---

34) Lloyd-Jones, *The Final Perseverance of the Saints*, 344.
35) Ibid., 345.

하였다.

로이드존스는 구원의 확신은 쉽게 얻어지는 것이 아니라고 믿었다. 오히려 그와는 정반대로, 구원의 확신은 신앙생활을 하는 동안 내내 성령의 능력을 힘입는 사람들에게 주어진다고 생각했다. 하나님의 사랑에 대한 신뢰와 구원의 확신이 성장함에 따라 그리스도인은 역경과 환난 가운데서 큰 용기를 얻는다.

> 사람들로 그런 일을 하게 하고 심지어 더 위험한 일도 하게 만드는 것은 무엇인가? 그것은 그들이 '성도의 견인 교리'라고 불리는 것을 믿기 때문이며, 자신이 실패할 수도 취소될 수도 없는 하나님의 계획 속에 있음을 알기 때문이다. 그것은 하나님 자신만큼이나 절대적이다. 하나님은 시작은 물론 끝도 아신다. 그리스도께서는 "아무도 아버지 손에서 빼앗을 수 없느니라"(요 10:29)고 하셨다. 그것은 생각할 수도 없는 일이다.[36]

이 견인의 은혜라는 진리는 신자들이 아무리 힘든 역경 가운데 있을지라도 견딜 힘을 준다고 로이드존스는 주장하였다. 그들은 하나님께서 자신을 영원히 붙들어주신다는 사실을 확신하기 때문에 자기 앞에 있는 경주를 인내로 경주할 수 있다.

---

36) Lloyd-Jones, *The Assurance of Our Salvation*, 66.

로이드존스는 그의 시대에 가장 위대한 설교자들 가운데 한 사람이었고…그는 설교와 설교에 대해 생각하는 것에 평생을 사용한 사람이었다.[1]

– 리곤 던컨 3세

---

[1] J. Ligon Duncan III, "Some Things to Look For and Wrestle With," in Lloyd-Jones, *Preaching and Preachers: 40th Anniversary Edition*, 33.

9장

성령님을 전적으로 의지하는 설교

로이드존스가 웨스트민스터 채플의 강단에 올라설 때, 그의 모습은 신체적으로는 연약하고 보잘것없어 보였다. 그는 키와 몸집이 작았다. 주변으로만 머리카락이 옅게 남아있는 대머리 모습은 그를 더욱 연약하게 보이게 했다. 세상 사람들의 눈에 이것은 힘을 쏟아내는 능력 있는 사람의 모습이 아니었다.

이것이 제2차 세계대전 중에 웨스트민스터 채플을 방문했던 사람에게 비친 그의 모습이었다. 이 사람이 그를 방문했을 때, 현관문에 붙어있던 글을 보았다. 거기에는 독일의 폭격으로 예배 장소를 다른 곳에 있는 홀로 옮길 수밖에 없다고 쓰여 있었다. 이 사람은 걸어서 임시 처소로 가서 띄엄띄엄 앉아있는 회중 사이에서 쉽게 자리를 찾을 수 있었다.

예배가 시작되었을 때, 그 방문자가 본 것은 이런 것이었다. "컬러 있는 옷에 넥타이를 맨 한 작은 사람이 거의 사과하는 듯이 강단으로 나와서 예배를 인도했다. 나는 분명 로이드존스가 아파서 그대신 다른 책임자가 예배를 인도하고 있다고 생각했었다."[2] 사람들 앞에 서 있는 이 사람이 그가 듣고 싶어서 찾아 온 설교자일 리가 없다고 생각한 것이다.

예배가 계속되는 동안에도 이 방문자의 첫인상은 변하지 않았다. "이 사람이 기도할 때와 성경을 읽을 때 차분함과 경외함이 있었지만 이런 (연약하다는) 착각은 예배의 처음 동안에도 사라지지 않았다."[3] 내향적이고 단조로운 음성을 가진 이 예배 인도자는 막판에 교체된 사람임에 분명했다.

설교 시간이 되자, 바로 그 연약한 사람이 조용히 강단에 올라섰다. "결국 그는 본문을 낭독하고 조용한 음성으로 설교를 시작했다."[4] 설교가 시작되면서 약간의 변화가 있었다.

그러나 그 이후에 일어난 일이 우리의 관심을 끌었다. 그 방문자는

---

2) Murray, *Messenger of Grace*, 30.
3) Ibid.
4) Ibid.

이렇게 말했다.

> 그때 재미있는 일이 일어났다. 그 다음 40분 동안 나는 이 사람이 말하는 것 외에는 아무 것도 의식되지 않았다. 시선을 끈 것은 그의 말이 아니라 그 말 뒤에, 그 말 안에, 그리고 그 말을 통해 계시는 어떤 분이었다. 그 당시에는 깨닫지 못했지만 나는 설교의 신비함, 즉 설교자가 선포하는 메시지 가운데서 사라져버리는 현상 가운데 있었다.[5]

이런 목격담은 마틴 로이드존스의 설교를 들은 수많은 사람들에게서 한결같이 들을 수 있는 것이다. 종종 그러하듯이, 로이드존스는 강해 중에 하나님의 능력에 사로잡혔다. 어떻게 이처럼 가녀리고 조용한 사람이 하나님의 발전소로 변화될 수 있을까? 그를 다스리는 성령님의 강력한 역사 외에는 이 극적인 변화를 달리 설명할 길이 없다.

로이드존스는 설교 사역 내내 설교의 효력을 위해 성령을 전적으로 의뢰해야 함을 의식했다. 그가 성경을 연구할 때 하나님의 조명을 받고 또 강단에서 초자연적인 힘을 얻기 위해서는 전적으로 하나님을 의지해야 했다. 그는 설교를 준비할 때 성령님이 그의 교사, 즉 자신의 눈을 열어 본문을 가르쳐주시는 분이 되어야 함을 알았다. 나아가 성령께서는 이런 진리들에 대한 확신도 주셔야 했다. 설교를 전달할 때도 마찬가지로 성령의 역할을 의지해야 했다. 로이드존스는 하나님의 성령이 내적인 능력을 주시지 않으면 진정한 설교가 있을 수 없다고 믿었다.

---

[5] Ibid.

성령의 기름부음

로이드존스는 선천적인 재능으로 설교하는 사람과 성령 충만을 입어 하나님의 말씀을 설교하는 사람 사이에는 두 가지의 다른 세계가 존재한다고 믿었다. 그는 설교 사역을 할 수 있는 천부적인 능력을 가진 사람도 있지만, 초자연적인 능력을 받아 이 일을 감당하는 것은 전혀 다른 일이라고 믿었다. 이안 머리는 이 차이가 로이드존스의 생각에 존재함을 관찰했다.

그는 강해 설교를 하는 데 필요한 선천적 능력과 진리 이해력을 가졌어도 설교자가 될 수 없을 수 있다고 보았다. 참된 설교는 성령께서 역사해야만 한다. 즉 설교를 들을 때 진리를 받아들이도록 역사하실 뿐 아니라 설교자 자신에게도 역사하셔서 기름을 부으셔야 한다. 그럴 때 비로소 설교자의 마음과 생각이 바로 서게 되고, 그 결과로 생명력과 기름부음과 즉흥적 요소를 동반한 설교가 이루어진다.[6]

머리는 로이드존스의 확신을 설명하면서, "참된 설교는 천부적 재능의 영역에 속하지 않는다. 훈련이나 가르침을 통해서 얻어질 수 있는 것도 아니다. 그것은 하나님의 성령이 임재한 결과이다."[7]라고 했다. 그렇기 때문에 로이드존스는 설교 행위에 있어서 성령의 능력을 굳게 믿었다. 그는 이 성령의 역사가 "신약에서 '기름부음'이라고 부른

---

6) Murray, *The Fight of Faith*, 262.
7) Murray, *Messenger of Grace*, 31.

것이라고 했다. 그가 '기름부음', 이해, '말의 자유와 명확함, 권위'를 주신다."[8]고 하였다. 나아가 그는 이렇게 설명했다.

> 이 '성령의 기름부음'은 무엇을 의미하는가? …이것은 무엇인가? 이것은 성령이 특별한 방식으로 설교자에게 임하는 것이다. 그것은 능력이 오는 것이다. 그것은 하나님이 주시는 능력으로 성령을 통하여 설교자에게 능력을 주시는 것이다. 그것은 그가 인간의 노력과 애씀을 넘어서 성령에 의하여 사용되어 성령이 역사하는 통로가 되는 위치에서 이 일을 할 수 있게 하기 위함이다. 이것은 성경에서 아주 명확하고 분명하게 볼 수 있다.[9]

로이드존스는 설교에서 성령의 기름부음은 성경적 그리고 역사적 사실이라고 주장하였다. 진정한 설교는 성령의 강력한 역사에서 그 능력을 얻는다고 그는 믿었다. 이것은 오늘날 강단에 가장 필요한 것이다.

연구를 소홀히 해서는 안 된다

분명히 말해서 로이드존스는 성령의 기름부음이 설교자의 성경 연구 책임을 소홀히 여기게 하지 않는다고 믿었다. 그와 반대로 설교자는 본문을 철저히 조사한 후에 주의깊게 설교를 준비해야 한다고 믿

---

8) D. Martyn Lloyd-Jones, *Courageous Christianity* (Wheaton, Ill.: Crossway, 2001), 190-91.
9) Lloyd-Jones, *Preaching and Preachers*, 305.

었다. 그는 성령은 설교자가 강단에 섰을 때 하시는 것처럼, 성경을 연구할 때도 인격적으로 참여하신다고 믿었다.

그는 "성령의 기름부음을 바라보는 올바른 방법은 설교 준비에 함께 하시는 성령을 생각하는 것이다. …세심한 준비와 성령의 기름부음은 대안이 아니라 서로 보완적인 것으로 여겨져야 한다."[10]고 했다. 성경을 저술하신 성령이 바로 설교자가 성경을 이해하도록 조명하시는 그 성령이시다. 동시에 성령은 강해자가 이 진리를 설교행위를 통해 전달할 수 있게 하신다. 성령은 성경 연구에서 강단까지 설교의 모든 과정에 임재하신다.

그는 이 필요성을 강조하면서 갈멜산의 엘리야 선지자를 예로 들었다. 엘리야의 책임은 제단을 만들고 장작을 패서 제단 위에 올려놓는 일이었다. 그런 다음, 그는 소를 잡아 각을 떠서 나무 위에 올려놓았다. 그 후에 불이 내리기를 기도했고 그러자 불이 떨어졌다. 로이드존스에 의하면, 강단에서도 이와 동일한 과정이 진행된다.[11]

먼저 설교자는 설교 준비에서 자신이 해야 할 부분을 해야 한다. 그런 다음 하나님이 불을 보내는 일을 하셔야 한다. 그는 "능력을 얻는 방법은 당신의 메시지를 주의깊게 준비하는 것이다. 하나님의 말씀을 연구하고 생각하며 분석하여 순서에 맞추어 배치하여 당신의 최선을 다하라. 그것이 하나님이 가장 잘 축복하시는 메시지이다."[12]라고 했다. 로이드존스는 견실하게 준비된 설교를 축복하신다고 믿었다.

---

10) Ibid.
11) Ibid., 304.
12) D. Martyn Lloyd-Jones, *The Life of Peace* (Grand Rapids, Mich.: Baker, 1992), 225.

또 로이드존스는 세례 요한과 사도들의 설교를 예로 들었다. 그들은 구속받은 사람들이었지만 설교 사명을 감당하기 위해서는 여전히 성령의 능력을 필요로 했다고 지적했다. 사도행전 13장 9절을 강론할 때는, 바울도 성령으로 충만해야 했다고 지적하였다. 그는 이렇게 말했다.

> '성령이 충만하여'라고 한 기록이 말하는 것은 과거에 그가 회심할 때 아나니아를 만난 결과, 성령이 충만하게 될 사실을 가리키는 것이 아니다. 만일 그것이 영단번의 사건이라면 다시 말하는 것은 우스운 일이다. 이것은 특별한 능력 주심, 특별한 위기, 특별한 사건이다. 그래서 이 특별한 사건을 위해 그에게 특별한 능력을 주신 것이다.[13]

로이드존스는 만일 사도 바울이 성령 충만할 필요가 있었다면 그보다 은사를 덜 받은 설교자들은 훨씬 더 많은 성령 충만을 받아야 한다고 추론하였다.

교회사를 통해서 그는 설교를 위해 성령 충만했던 사람들의 예를 보여주었다. 그는 마르틴 루터를 예를 들며 그가 위대한 신학자였을 뿐 아니라 탁월한 설교자였던 이유는 성령 충만했기 때문이라고 하였다. 그리고 그보다는 덜 알려진 두 사람을 예로 들었다. 그는 스코틀랜드 커크 오쇼츠에서 성령의 능력으로 설교했던 존 리빙스턴을 언급했는데, 그의 설교로 오백 명이 교회에 더해졌다. 그리고 1859년 웨일즈 부흥 때의 능력 있는 설교자였던 데이비드 모건도 성령의 특별한 기

---

13) Lloyd-Jones, *Preaching and Preachers*, 310.

름부음을 받아 능력을 얻었다.

루터같이 위대한 인물이든, 아니면 리빙스턴과 모건같이 덜 알려진 사람이든 모든 설교자들은 성령의 능력을 받아야 한다. 로이드존스는 모든 설교자는 다같이 이 동일한 하나님의 능력을 필요로 한다고 여겼다.

성령의 주권을 인정하라

로이드존스는 설교에서 성령의 주권적 자유를 인정했다. 성령의 신적인 길은 예견할 수도 통제할 수도 없다. "능력을 주시기도 하고 거두어 가시기도 한다. 그것이 성령의 주님 되심이다! 우리는 이 축복을 요구할 수도 없고 명령할 수도 없다. 이것은 전적으로 하나님의 선물이다."[14] 성령의 이런 통제 불가능한 행위는 설교에 설명 불가능한 신비를 더한다.

이런 이유로, 로이드존스는 강단이야말로 인간이 하나님을 섬길 수 있는 가장 특별한 곳이라고 했다. 설교자가 설교하기 위해 회중 앞에 섰을 때, 그는 어떤 일이 일어날지를 전혀 예측할 수 없다고 주장했다.

> 지상에서 가장 멋있는 곳이 강단이다. 나는 매 주일 강단 계단을 오른다. 그러나 나는 어떤 일이 일어날지 모른다. 고백컨대 나는 아무 것도 기대하지 않는다. 그러나 갑자기 능력이 부어진다. 어떤 때는 내가 준비

---

14) Ibid., 324.

했기 때문에 많은 것을 얻을 것이라 생각하지만, 아뿔사, 거기에는 아무 능력이 없다. 그렇게 되는 것에 대해 하나님께 감사드린다. 나는 나의 최선을 다하지만 무엇을 주시고 능력을 주시는 것은 하나님이 결정하신다. 하나님이 그것을 부으신다.[15]

로이드존스는 성령 충만한 설교자가 강단에 섰을 때, 그는 영적으로 고양된다고 설명하면서 이런 말을 하였다. "설교자는 붙들려 올라간다. 그는 성령의 영역에 있고 하나님은 이 사람을 통하여 사람들에게 메시지를 주신다."[16] 그때 성령께서는 설교자에게 그의 본래적 재능을 훨씬 능가하는 비상한 능력을 주신다고 주장했다. 그는 이렇게 말했다.

그것은 생각이 명료해지게 하고, 언어가 명확해지게 하며, 말이 쉬워지게 하고, 설교에 큰 권위와 확신을 주며, 자기 능력이 아닌 능력이 전 존재를 전율케 하는 것을 의식하게 하고, 이루 말할 수 없는 기쁨을 누리게 한다. 당신은 '붙들린' 사람이다. 당신은 붙들리고 붙들려 올리운 사람이다. 이런 일이 일어날 때, 당신은 당신이 설교하는 것이 아니라 구경하고 있는 것 같은 느낌이다. 나는 이렇게 설명하기 원한다. 이 감정을 비유할 수 있는 것은 지상에는 없다. 이런 일이 일어날 때 당신은 놀라서 당신 자신을 바라본다. 그것은 당신 자신의 노력이 아니다. 당신은

---

15) D. Martyn Lloyd-Jones, *Spiritual Depression: Its Causes and Cures* (Grand Rapids, Mich.: Eerdmans, 1965), 299-300.
16) Lloyd-Jones, *Knowing the Times*, 276.

다만 도구요, 통로요, 전달 수단이다. 성령께서 당신을 사용하시고 당신은 큰 기쁨과 놀람 가운데 바라보고 있다.[17]

만일 이 기름부음이 성령의 주권적 선물이라면, 설교자의 책임은 이 하나님의 능력을 위하여 기도하고 구하는 것이라고 로이드존스는 믿었다. 오직 하나님만이 그의 사자에게 그런 능력을 주실 수 있다. 그는 모든 설교자들에게 이렇게 촉구했다.

> 그를 구하라! …그러나 그를 구하는 것 이상으로 나아가라. 그를 기대하라. …이 능력을 구하라. 이 능력을 기대하고 이 능력을 갈망하라. 그리고 이 능력이 임할 때는 그분께 굴복하라. …전에도 몇 번 말했지만 나는 이런 성령의 능력이 우리의 설교에 다시 임하는 것만이 우리가 어떤 일에든 쓰임받을 수 있게 한다는 것을 확신한다. 이것이 참된 설교이다. 이것이 그 어느 때보다 오늘날 가장 절실하게 필요하다.[18]

로이드존스는 강해 설교는 결코 메마르고 생명력이 없어서는 안 된다고 확신했다. 그는 말씀을 전파하는 사람들이 그들의 강단에서 성령의 능력을 알게 해야 한다는 부담을 가지고 있었다. 성령 충만한 설교자의 설교를 듣는 사람들도 하나님이 그 설교자 안에서 행하시고 계심을 느낀다. 로이드존스는 이렇게 설명했다.

---

17) Lloyd-Jones, *Preaching and Preachers*, 324.
18) Ibid., 325.

사람들은 어떤가? 그들은 즉시 그것을 감지한다. 그들은 즉각 차이를 알아본다. 그들은 사로잡히고, 진지해지고, 찔림을 받고, 감동하고, 겸손해진다. 어떤 사람들은 죄를 깨닫고, 어떤 사람들은 천국으로 들림을 받는 등 그들 모두에게 어떤 일이 일어난다. 그들은 보통 때와는 전혀 다른 뭔가 특별한 일이 일어나고 있음을 안다. 그 결과, 그들은 하나님께 속한 일을 즐거워하기 시작하며 더 많은 가르침을 원한다.[19]

바로 이것 때문에 수많은 사람들이 매 주일 런던 중심부로 몰려와서 40분에서 한 시간 동안 진행되는 설교에 귀를 기울였던 것이다. 그들은 보통 때와는 달리 하나님이 그곳에 계심을 알았다. 그들은 로이드존스의 설교에 성령의 능력이 임함을 분별했다. 이런 기대는 진리를 알고 삶에 실천하고 싶은 깊은 소원을 불러일으켰다.

성령의 능력을 의지하라

권위 있는 설교는 "하나님이 주시는 능력으로, 성령을 통하여 (설교자에게) 능력을 주어, 이 일을 인간의 노력과 수고를 초월하는 방식으로 하게 만든다"[20]고 로이드존스는 주장했다. 그런 설교에서는 하나님의 능력이 설교자 안에서 역사하여, 그가 자신의 능력을 넘어서는 특별한 능력으로 성경을 설교하게 만든다. 그는 이렇게 지적했다.

---

19) Ibid., 324-25.
20) Ibid., 305.

결국, 진정한 설교는 하나님이 행하시는 설교이다. 그것은 인간이 말하는 것이 아니라 하나님이 그를 사용하시는 것이다. 그는 성령의 영향 아래 있다. 이것이 바울이 고린도전서 2장 4절에서 말한 "성령의 나타나심과 능력으로" 하는 설교이다. 또한 데살로니가전서 1장 5절에서 "우리 복음이 너희에게 말로만 이른 것이 아니라 또한 능력과 성령과 큰 확신으로 된 것임이라"고 한 말의 의미이다. 이것이 참된 설교의 필수적인 요소이다.[21]

로이드존스는 성령께서 강단에서 더 깊은 느낌과 확신으로 자신의 생각을 빠르고 또 넓게 하신다고 인정했다. "당신의 마음과 영이 누리는 이 같은 자유로움과 성령이 당신에게 자유롭게 영향을 줄 수 있는 상태가 바로 설교 행위의 본질이다. 만일 우리가 성령을 믿는다면, 우리가 가장 진지하고도 놀라운 이 일을 할 때에도 그가 능력 있게 행하실 것을 믿어야 한다."[22] 그는 설교자들에게 "하나님이 그의 능력을 자신에게 그리고 자신을 통해 드러내시기를" 간절히 기도하라고 말했다.[23]

반드시 성령께서 설교에 자유와 유창함을 주셔서 말씀이 자기 길을 달릴 수 있게 하셔야 한다. 그는 "우리의 설교에 이 성령의 능력이 다시 임하는 것 외에는 우리가 무엇에든지 사용될 수 있게 할 수 없다. 이것이 참된 설교이다."[24]라고 주장했다.

---

21) Ibid., 95.
22) Ibid., 229.
23) Ibid., 325.
24) Ibid.

간단히 말해서, 로이드존스가 주장한 것은 만일 설교가 하나님의 축복을 아는 것이라면 반드시 하나님의 능력을 가져야 한다는 것이다.

성령의 필요성

로이드존스는 성령이 없으면 진정한 설교도 있을 수 없다고 믿었다. 분명히 설교는 하나님이 주시는 능력이다. 그렇기 때문에 성령의 능력이 없으면, 제아무리 천부적 능력이 많아도 충분하지 못하다. 그래서 로이드존스는 그의 사역에 성령이 필요함을 그토록 강조했는데, 그것은 옳은 일이었다. 그는 이렇게 확언했다.

하나님이 주신 설교 능력에 관해서는 많은 말을 할 수 있다. 그러나 내가 보기에는 한 가지 말이 이 모든 것을 잘 요약해주는 것 같다. 아마 바울이 처음으로 쓴 편지는 데살로니가 교회에 쓴 것일 것이다. 이 첫 편지의 첫 장에서 그는 신자들에게 복음이 어떻게 그들에게 임했는지를 상기시킨다. "우리 복음이 너희에게 말로만 이른 것이 아니라 또한 능력과 성령과 큰 확신으로 된 것임이라"(살전 1:5). 바울은 "내가 말을 했지만 내가 한 것이 아니었다. 나는 사용되었을 뿐이다."라고 말하고 있다. 그는 말을 하고 있을 때 자신은 단지 성령께서 사용하시는 전달 수단이요, 통로요, 도구에 불과하다는 것을 알았다. 그는 붙들려 올라갔다. 그래서 그는 자기 밖에 있었다. 사실 그는 성령에 사로잡혀 있었다. 그래서 그는 자신이 '큰 확신으로' 설교하고 있음을 알았다.[25]

---

25) Lloyd-Jones, *Courageous Christianity*, 191.

심지어 준비 작업이 끝나고 설교가 전달되고 있을 때에도, 성령님이 그 설교자 안에서 역사하여 본문에 대한 그의 통찰이 깊어지게 하셔야 한다. 그는 설명한다.

> 설교는 언제나 성령 아래(그의 능력과 지배 아래) 있어야 한다. …당신은 설교를 준비할 때 도와주신 성령께서 지금 당신이 말하고 있는 동안에도 전혀 새로운 방식으로 당신을 도와주셔서, 설교를 준비할 때는 전혀 보지 못했던 것을 열어 보여주시는 것을 경험할 것이다.[26]

로이드존스는 성령의 능력 없이 강단에 선 사람은 자신의 노트를 읽고 말을 반복할 뿐이라고 주장했다. 간단히 말해서 "능력이 없으면 설교가 아니다."[27] 그러나 성령이 역사하시는 곳에는 하나님께서 능력으로 임재하신다. 성령이 역사하시는 곳에는 단순히 말만 있는 것이 아니라 능력이 설교자와 청중 모두에게 영향을 준다. 성령의 내적 사역은 설교자가 말씀을 효과적으로 선포하는 데 필요한 모든 것을 준다고 로이드존스는 믿었다.

그는 자신의 설교에서 즉흥적 생각과 명료한 표현은 성령이 그 안에서 역사하신 것이라고 인정했다. 그는 자신이 말하려고 계획하지 않은 것을 강단에서 선포하여 청중에게 큰 영향을 주는 경우가 종종 있었다고 강조했다. "설교에 대해 놀라운 것들 가운데 하나는 자신이 하는 가장 좋은 말은 미리 묵상해 놓은 말이 아니며, 심지어 설교 준비

---

[26] Lloyd-Jones, *Preaching and Preachers*, 85.
[27] Ibid., 95.

할 때 생각조차 하지 않았던 것이지만 실제로 말하고 설교할 때 주어진 것이라는 것이다."[28] 그래서 로이드존스는 설교자는 자신의 노트에 제약을 받아서는 안 된다고 믿었다.

설교자는 설교를 충분히 준비한 후에 성령의 능력 안에서 성경 본문을 강론해야 한다. 하나님께서 그의 말씀을 통해서 명확하게 말할 수 있는 능력을 허락하셔야 한다. 이것은 설교자에게 큰 자유를 준다. 로이드존스는 "그 위대한 것은 자유이다. 이것은 아무리 강조해도 지나치지 않다. 이것이, 즉 당신의 생각과 영이 누리는 이 자유로움, 이렇게 성령이 당신에게 자유롭게 영향을 줄 수 있는 상태가 설교 행위의 정수이다."[29]라고 했다.

하나님의 성령이 설교자를 자극하시면 그는 종종 그의 노트 내용에 추가한다. "만일 우리가 성령을 믿는다면, 우리가 이 가장 진지하고 놀라운 일을 할 때에도 그가 능력 있게 행하실 것을 믿어야 한다."[30] 설교자는 성령의 능력 안에 있을 때, 신선하고 적용 가능하며 청중에게 연관되는 것을 말한다. 그렇기 때문에, 설교자는 설교에 성령이 필요함을 이해하는 것이 매우 중요하다.

성령의 '이중적 행하심'

로이드존스는 성령이 설교자에게 기름부으심에 대해 모든 것을 믿

---

28) Ibid., 84.
29) Ibid., 229.
30) Ibid.

었지만, 그런 능력만으로는 충분하지 않다고 믿었다. 청중이 설교로 하나님의 말씀을 들을 때, 그들 안에서 성령이 다른 어떤 일을 하시게 해야 한다. 그는 "만일 성령이 설교자에게만 역사하시면 회심이 일어나지 않는다."[31]고 했다. 다시 말해서 성령 충만한 설교자는 영혼을 구원하는 결과를 낳는 첫 단계에 불과한 것이다. 거기에 더하여 죄를 깨닫게 하는 성령의 능력이 설교를 듣는 사람들의 마음 안에서 역사해야 하는 것이다.[32] 로이드존스는 소위 성령의 역사의 "이중적 행하심"이 있어야 한다고 믿었다. 그는 이렇게 말했다.

> 그러므로 이것은 성령의 이중적 행하심이다. 그는 설교자, 연사를 강단에서든 개인적으로 있든 붙들어서 그에게 이 능력을 주신다. 다음으로 성령은 듣는 사람들에게도 역사하셔서 그들의 마음과 생각과 의지를 다루신다. 이 둘은 동시에 일어난다.[33]

성령께서 듣는 자들의 마음 안에서 역사하고 계시다는 사실은 설교자에게 결과가 그의 능력에 달려있지 않다는 확신을 준다. 로이드존스는 하나님의 무오한 말씀을 선포하기 위해 강단에 설 때는 성령의 능력을 입어야 할 필요성을 의식했다. 그는 성령이 그의 말을 취하여 마치 나무에 못을 박듯이 회중의 마음속에 박지 않으시면 구원도 변화도 있을 수 없음을 온전히 의식했다.

---

31) Lloyd-Jones, *Courageous Christianity*, 192.
32) Ibid., 193.
33) Ibid.

마틴 로이드존스는 하나님이 주신 은사와 능력이 많았지만, 그가 쓰임받는 것은 그런 은사에 있지 않다는 것을 충분히 알았다. 그는 자신에게 많은 능력이 있음을 알았지만, 하나님이 역사하실 때에만 영원한 선이 이루어진다는 것을 믿었다. 그는 겸손하게 "힘으로 되지 아니하며 능력으로 되지 아니하고 오직 나의 영으로 되느니라"(슥 4:6)고 하신 말씀을 의식했다.

우리는 자신의 천부적 능력이나 웅변 은사나 연설 기술을 신뢰하지 말고 오직 성령의 능력을 의지하여 하나님의 말씀이 선포될 때, 그것이 듣는 사람들의 마음과 생각에 들어가게 해야 한다. 그러므로 우리는 "임의로 부는"(요 3:8) 성령께서 우리를 자유케 하여 성경의 메시지를 담대하고 분명하게 선포하게 하심을 온전히 확신하도록 하자.

"우리의 메시지가 성경으로부터 나온다는 사실을
사람들에게 명확하게 해야 한다.
우리는 성경과 성경의 메시지를 전한다.
그것이 우리의 메시지의 기원이다."

| 나가는 글 |

우리는 또 다른 로이드존스를 원한다

로이드존스가 우리 곁을 떠난 지 얼마 되지 않았다. 사실 이 글을 읽는 사람들 가운데 많은 사람이 그가 한창 런던에서 사역할 때 살고 있었거나 직접 그의 설교를 들었을 것이다. 분명 우리는 로이드존스가 설교 사역을 시작할 때처럼 강해 설교가 사라진 시대에 살고 있다. 많은 교회들에서는 오락이 무대 중심을 차지하고, 번영의 메시지가 주류를 이루고 있으며, 안타깝게도 분명한 성경 강해는 거의 사라져 버렸다.

우리는 어떻게 해야 하는가? 우리는 로이드존스가 했던 것처럼 해야 한다. 다시 성경적 설교의 우선성과 능력을 붙들어야 한다. 말씀 중심적이고 그리스도 중심적이며 하나님을 높이고 성령의 능력을 힘입는 설교로 돌아가는 결단이 있어야 한다. 우리에게는 어렵고 수고로운 강해 설교 작업에 헌신하는 사람이 필요하다. 우리에게는 성경을 한 절 한 절 짚어가며 성령의 능력으로 설교하여 하나님의 백성의 성장과 거룩을 돕는 사람이 필요하다. 간단히 말해서 우리에게는 전국의 강단에 서서 살아계신 하나님의 말씀을 당당하게 선포할 또 다른 로이드존스들이 필요하다.

여기서 마틴 로이드존스가 마지막 말을 해줄 것이다. 오늘날 우리에게 필요한 설교자는 어떤 사람일까? 이 설교의 달인은 이렇게 대답한다.

> 중요한 것은 하나님 사랑, 영혼 사랑, 진리에 대한 지식, 그리고 성령이 자기 안에 계시는 것이다. 이것들이 설교자를 만드는 것이다. 만일 마음에 하나님의 사랑이 있다면, 그리고 하나님을 향한 사랑이 있다면, 또 인간의 영혼을 향한 사랑과 그들을 위한 관심이 있다면, 성경의 진리를 안다면, 그리고 하나님의 성령이 자기 안에 계시다면, 그 사람은 설교할 것이다.[1]

설교자에 대한 로이드존스의 설명이 오늘날 새로운 세대의 복음의 일꾼들 가운데 구현되기를 바란다. 우리는 다시 로이드존스들을 원한다. 우리에게는 또다시 로이드존스들이 있어야 한다. 그리고 하나님의 은혜로 이 시대에 다시 그들이 일으켜 세워지는 것을 보게 될 것이다. 교회의 머리 되시는 분께서 다시 성경 강해자의 무리를, 새로운 개혁에 매진하는 하나님의 사람들을 보내주시기를 간구한다.

오직 하나님께 영광!

---

1) Lloyd-Jones, *Preaching and Preachers*, 120.

참고 문헌

Alexander, Eric J. Foreword to *The Cross: God's Way of Salvation*, by Martyn Lloyd-Jones. Edited by Christopher Catherwood. Wheaton, Ill.: Crossway, 1986.

Bailie, Ben. "Lloyd-Jones and the Demise of Preaching." In *Engaging with Martyn Lloyd-Jones*, edited by Andrew Atherstone and David Ceri Jones. Nottingham, England: InterVarsity, 2011.

Catherwood, Christopher. *Five Evangelical Leaders*. Wheaton, Ill.: Harold Shaw, 1985.

_____, ed. *Martyn Lloyd-Jones: Chosen By God*. Westchester, Ill.: Crossway, 1986.

_____. *Martyn Lloyd-Jones: A Family Portrait*. Grand Rapids, Mich.: Baker, 1994.

Daniel, Curt. *The History and Theology of Calvinism*. Springfield, Ill.: Reformed Bible Church, 2003.

Davies, Eryl. *Dr. D. Martyn Lloyd-Jones*. Darlington, England: Evangelical, 2011.

Duncan III, J. Ligon. "Some Things to Look For and Wrestle With." In *Preaching and Preachers: 40th Anniversary Edition*, by D. Martyn Lloyd-Jones. Grand Rapids, Mich.: Zondervan, 2009.

Haykin, Michael A. G. "From the Editor." *Eusebeia 7* (Spring 2007): 3-4.

Hughes, Philip Edgcumbe. "The Theologian." In *Martyn Lloyd-Jones: Chosen By God*, edited by Christopher Catherwood. Westchester, Ill.: Crossway, 1986.

Lewis, Peter. "The Doctor as a Preacher." In *Martyn Lloyd-Jones: Chosen By God*, edited by Christopher Catherwood. Westchester, Ill.: Crossway, 1986.

Lloyd-Jones, D. Martyn. *The Assurance of Our Salvation: Exploring the Depth of*

Jesus' Prayer for His Own; Studies in John 17. Wheaton, Ill.: Crossway, 2000.

_____. *Authority.* 1958. Reprint, Edinburgh, Scotland: Banner of Truth, 1984.

_____. *The Christ-Centered Preaching of Martyn Lloyd-Jones: Classic Sermons for the Church Today.* Edited by Elizabeth Catherwood and Christopher Catherwood. Wheaton, Ill.: Crossway, 2014.

_____. *The Christian Soldier: An Exposition of Ephesians 6:10-20.* Grand Rapids, Mich.: Baker, 1977.

_____. *Courageous Christianity.* Wheaton, Ill.: Crossway, 2001.

_____. *Faith on Trial.* Clover, S. C.: Christian Heritage, 2008.

_____. *God's Ultimate Purpose: An Exposition of Ephesians 1:1-23.* Grand Rapids, Mich.: Baker, 1978.

_____. *God's Way of Reconciliation.* Grand Rapids, Mich.: Baker, 1972.

_____. *God the Holy Spirit.* Wheaton, Ill.: Crossway, 1997.

_____. *Great Doctrines of the Bible.* Wheaton, Ill.: Crossway, 2003.

_____. *Knowing the Times.* Edinburgh, Scotland: Banner of Truth, 1989.

_____. *Life in Christ: Studies in 1 John.* Wheaton, Ill.: Crossway, 2002.

_____. *The Life of Peace.* Grand Rapids, Mich.: Baker, 1992.

_____. *Old Testament Evangelistic Sermons.* Edinburgh, Scotland: Banner of Truth, 1995.

_____. *The Plight of Man and the Power of God*. Grand Rapids, Mich.: Eerdmans, 1945.

_____. *Preaching and Preachers*. Grand Rapids, Mich.: Zondervan, 1971.

_____. "The Return to the Bible." *Eusebeia 7* (Spring 2007): 7-14.

_____. *Romans: Exposition of Chapter 3:20-4:25; Atonement and Justification*. Edinburgh, Scotland: Banner of Truth, 1970.

_____. *Romans: Exposition of Chapter 9; God's Sovereign Purpose*. Edinburgh, Scotland: Banner of Truth, 1991.

_____. *Romans: The Final Perseverance of the Saints; Exposition of Chapter 8:17-39*. Grand Rapids, Mich.: Zondervan, 1975.

_____. *Spiritual Depression: Its Causes and Cures*. Grand Rapids, Mich.: Eerdmans, 1965.

_____. *Studies in the Sermon on the Mount*. Grand Rapids, Mich.: Eerdmans, 1959.

Murray, Iain H. *D. Martyn Lloyd-Jones: The Fight of Faith, 1939-1981*. Edinburgh, Scotland: Banner of Truth, 1990.

_____. *D. Martyn Lloyd-Jones: The First Forty Years, 1899-1939*. Edinburgh, Scotland: Banner of Truth, 1982.

_____. *Evangelicalism Divided*. Edinburgh, Scotland: Banner of Truth, 2001.

_____. *John MacArthur: Servant of the Word and Flock*. Edinburgh, Scotland: Banner of Truth, 2011.

_____. *The Life of Martyn Lloyd-Jones, 1899-1981*. Edinburgh, Scotland: Banner of Truth, 2013.

_____. *Lloyd-Jones: Messenger of Grace*. Edinburgh, Scotland: Banner of Truth, 2008.

Old, Hughes Oliphant. *The Reading and Preaching of the Scriptures in the Worship of the Christian Church, Vol. 6: The Modern Age*. Grand Rapids, Mich.: Eerdmans, 2007.

Piper, John. "Martyn Lloyd-Jones: The Preacher." In *Preaching and Preachers: 40th Anniversary Edition*, by D. Martyn Lloyd-Jones. Grand Rapids, Mich.: Zondervan, 2009.

Rusten, Michael, and Sharon O. Rusten. *The One Year Christian History.* Wheaton, Ill.: Tyndale House, 2003.

Turner, Charles, ed. *Chosen Vessels: Portraits of Ten Outstanding Christian Men*. Ann Arbor, Mich.: Vine, 1985.

사명선언문

너희가 흠이 없고 순전하여……세상에서 그들 가운데 빛들로
나타내며 생명의 말씀을 밝혀 _ 빌 2:15-16

1. 생명을 담겠습니다
만드는 책에 주님 주신 생명을 담겠습니다.
그 책으로 복음을 선포하겠습니다.

2. 말씀을 밝히겠습니다
생명의 근본은 말씀입니다.
말씀을 밝혀 성도와 교회의 성장을 돕겠습니다.

3. 빛이 되겠습니다
시대와 영혼의 어두움을 밝혀 주님 앞으로 이끄는
빛이 되는 책을 만들겠습니다.

4. 순전히 행하겠습니다
책을 만들고 전하는 일과 경영하는 일에 부끄러움이 없는
정직함으로 행하겠습니다.

5. 끝까지 전파하겠습니다
모든 사람에게, 땅 끝까지, 주님 오시는 그날까지
복음을 전하는 사명을 다하겠습니다.

서점 안내

광화문점	서울시 종로구 새문안로 69 구세군회관 1층 02)737-2288 / 02)737-4623(F)
강남점	서울시 서초구 신반포로 177 반포쇼핑타운 3동 2층 02)595-1211 / 02)595-3549(F)
구로점	서울시 동작구 시흥대로 602, 3층 302호 02)858-8744 / 02)838-0653(F)
노원점	서울시 노원구 동일로 1366 삼봉빌딩 지하 1층 02)938-7979 / 02)3391-6169(F)
일산점	경기도 고양시 일산서구 중앙로 1391 레이크타운 지하 1층 031)916-8787 / 031)916-8788(F)
의정부점	경기도 의정부시 청사로47번길 12 성산타워 3층 031)845-0600 / 031)852-6930(F)
인터넷서점	www.lifebook.co.kr